職場風水

吳教授開運

步步高升・生意興隆

風水大師

吳彰裕 教授

作者簡介

【風水大師】吳彰裕

學歷：

* 政治大學政治系
* 中山大學中山學術研究所碩士
* 政治大學政治研究所博士

專長研究：

* 政治學、中國古代文史哲學、中國政治史與制度史、方伎學（陰陽五術）

曾任：

* 中央警察大學行政管理系主任、研究所創所所長
* 中華道教學院五術講座

現任：

* 中央警察大學行政管理系專任副教授
* 輔仁大學宗教系道教組兼任副教授
* 四川大學宗教系客座教授
* 廈門大學宗教所客座教授
* 江西師大（原中正大學）道教研究中心名譽主任
* 中央警察大學堪輿社指導老師

經歷：

* 連續五年擔任國家燈會宗教民俗顧問兼主燈安座大典法師
* 超視「星期天怕怕」風水單元主講人
* 超視「魯班陽宅學」【魯班風水】單元主講人
* 超視「風水大開槓」節目主持人

吳彰裕教授是活躍於學術界與媒體界的知名風水地理大師，精通風水鑑定與陰陽五術，經常為國運或社會現象進行觀察預言，並積極從事講學傳播、受邀於各大媒體主講風水理論，廣受迴響與肯定。吳教授集結數十年研究精華，精心推出風水學經典作品，希望能引領廣大讀者一窺陽宅風水之堂奧，建立正確、健康的風水觀，進而善用這門源遠流長的傳統智慧，為自己打造平安順遂的人生，同時也能福廕子孫。

繪圖者簡介

詹仕鑑

學歷：

* 美國德州大學阿靈頓分校建築碩士
* 英國雪菲爾大學建築博士
* 專門技術人員建築師高等考試及格

專長研究：

* 建築設計、建築物理環境、3D虛擬場景設計、數位媒體設計

現任：

* 銘傳大學數位媒體設計學系助理教授兼系主任
* 銘傳大學設計管理研究所助理教授

經歷：

* 銘傳大學空間設計學系專任講師
* 教育部總務司工程管理科助理研究員
* 陳梓斌建築師事務所設計師

＊繪圖工作參與人員：許勝傑、任薇瑜、黃怡理、陳慈姍、謝葦涵

【自序】人人能讀能懂的風水智慧

吳彰裕

世間凡事皆有定數，一切因緣成就最好是水到渠成，勉強而為必然事倍功半。筆者自幼涉獵五術，尤其精研堪輿，陰宅或陽宅之實務經驗已臻得心應手，自十數年前在電視媒體首創陽宅節目，即不斷有好友及出版界先賢勸說著書立言。當初因閱遍古籍，見先賢對堪輿之論說，其理論完備，令我自慚形穢，深覺無論怎麼寫書，都是畫蛇添足，徒費白紙，貽笑於古人而已。

每當閱讀古籍，常自慨古來多少典籍湮沒塵土，能留傳後世、成為經典者寥寥可數；又看今日，每年每月每日出版多少書，但一年後，還能存在的又有多少。所以寫書的目的，有人為了留名，有人為了升等教職、自印自買，有人為了賺稿費；筆者一生在學界，如果思想未臻成熟，寫的書對社會後世無啟迪心靈之功能、無法承繼先聖先賢之典論，那就不要寫了。

廿多年來，筆者鑽研堪輿古籍，再怎麼看，就是那些經典，而且各代表一時代之創思。如始立理論的郭璞《葬經》；將天下山川歸類為九星之楊筠松《疑龍經》、《撼龍經》；對葬法立論之賴文俊；對裁穴有創見之廖瑀；對水局有獨見之蔣大鴻《秘傳水龍經》；深窺堪輿奧旨之劉基《堪輿漫興》。不過到了廿一世紀，堪輿的術語必須重新解讀，尤其古籍所論山水格局迄今不變，但今日之屋宇結構與室內功能設計、自然及人文景觀皆已大變，必須將古籍重新詮釋，故筆者自忖時機已到，而在乙酉年出版《吳教授開運陽宅》。此書運用現代術語，以理論結合實務案例，將神秘的堪輿之學化約成人人能讀能懂的風水導論，但風水理論淵源，令人意猶未盡，遂於丙戌年再籌劃出版續集，將第一冊未論之樑柱、樓梯、廚廁、水塘、制煞解厄秘訣，再加上職場與商場之風水佈局匯著一冊，俾利讀者無師自通，一來瞭解風水之正確知識，其學理百分之百科學，自修之後，可免為江湖術士所惑，更不會迷信鬼神或風水雜說而被騙財傷心；二來在購屋、開張、設立辦公室時知所趨避，免除不必要的阻礙因素。所以筆者一生未因五術拿過眾生一分錢，在出書時亦謹守此一分寸，必有利益眾生、承先啓後之思想，能世代流傳之書才予以出版，否則出賣智慧、為牟利而著書，即被蘇格拉底譏為「智妓」，無顏見往賢。

本書之出版，感謝時報出版副總編輯心岱、執行編輯郭玢玢兩位精心擘劃；更難能可貴的是，特聘名建築師、銘傳大學數位媒體設計系主任詹仕鑑教授，以專業繪圖，深入淺出剖析各種格局之利弊得失，更使本書增色不少；亦感謝張華承小姐協助將深奧之風水旨意以通俗化的口吻描繪記述，讓讀者更能一目了然。此書特點為圖文並茂、理論與實用並重，人人皆可無師自通，百讀不厭，讀後常想與作者共鳴，並值得您珍藏而傳於子孫，永保家安宅吉、事業如意、財丁兩旺。

【目錄】

【目錄】

【第一章】

正本清源風水說

所謂的「風水」，是人與自然環境之間的關係。
自然環境包括陽光、空氣、水與土壤等生存要素，
「風水」看的也正是這些條件，住在條件不佳的環境，
就會帶來疾病、影響個人的習性和志氣。

一個地方的大環境會影響眾人；
鄰里或住宅則會影響居處於此的家庭。
住家週遭有大好風水，居家空間卻安排失當，一樣無法長住久安；
反之若先天環境很差，但加以人爲努力，
還是能塑造良好的居家風水。
爲了趨吉避凶，風水知識因而流傳千年，成爲專業的學問。

風水師是以科學來做分析，很多人卻僅憑有限知識妄自解釋，
甚至將風水與羅盤、八字、易經、
姓名學等強加牽連、穿鑿附會。
本章將介紹風水吉地的鑑定條件與特質，
並且釐清常見的觀念謬誤，以確立風水的眞義。

風水吉凶三等級

▼風水：人與環境的關係▲

所謂「風水」，也就是人與自然環境之間的關係。

自然環境是孕育萬物生命的元素，包括了陽光、空氣、水與土壤，這些都是生存所需的必要條件；而所謂的「風水」，看的也正是這些條件。如果這些條件不對，住在這樣的環境，就會帶來很多疾病，影響一個人的習性和向上奮發的志氣。

從空間的大小層級來說，一個地方的大環境會影響眾多人群，而範圍較小的鄰里或住家則會影響居住於此的家庭；如果住家週遭擁有一個大好風水的環境，但居家空間卻安排失當，也一樣無法長住久安。反之，如果在一個風水很不好的地方，但加以人爲努力，還是可以塑造出好的居家風水。天下各地有風水極好之處、也有風水不佳之地，爲了趨吉避凶，千年前的風水知識，在技術與經驗的累積下歷代相傳，終於成爲一門專業的理論原則。

《葬經》將風水的吉凶，分成三個等級（三吉），以下就分別介紹這三種等級的風水，各有何條件與特質。

▼上吉之地▲

天光下臨，地德上載；藏神合朔，神迎鬼避

上吉之地是匯聚了山川靈秀的地理，應列爲國家保育區或重要機關所在地。

台灣的上吉之地包括有圓山大飯店、日月潭、福壽山農場等地。

＊天光下臨

意指地理配合天上的星辰，山川分布如「紫微垣」的格局（請參考《吳教授開運陽宅》34頁）。

＊地德上載

意指地理格局上應天星。像是絲線過脈的地形，山脈層層疊疊；龍虎砂抱衛緊密或水口周密、關鎖（水關得很緊）也算是這樣的格局。

＊藏神合朔

配合好日子與好天時，以爭取天時地利人和。「朔」是日月照臨的地方，也就是太陽過黃道且月亮過白道之

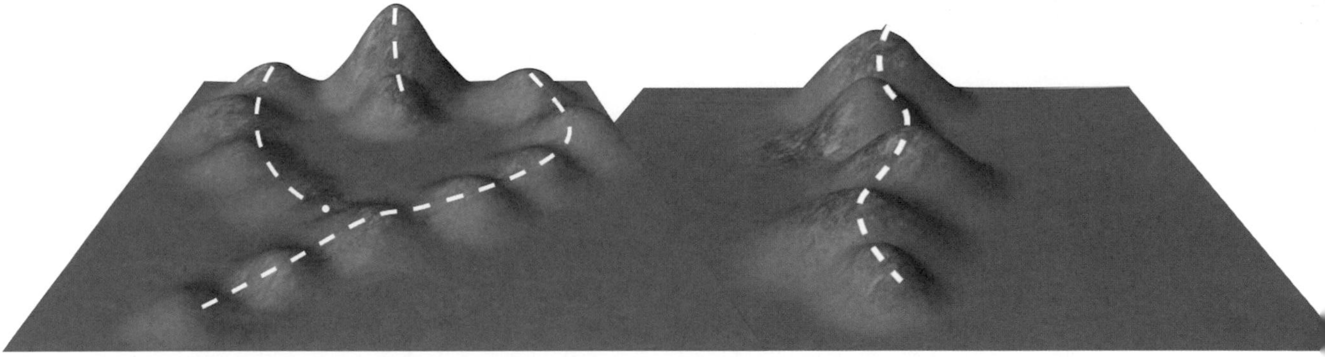

＊「水口關鎖」地形，表示「水關得很緊」。　＊「絲線過脈」地形，山脈層層疊疊。

際，黃白兩道交會的好時辰，「黃道吉日」這句成語就是由此而來；「合朔」是指好日子裡的好時辰❶。

例如，元月份（寅月）配合亥日（六合的天德日）的午時——寅月亥日午時（元月初六日十一時～十三時），這就是「合朔」。

＊神迎鬼避

「神迎鬼避」裡的「神」，代表賞心悅目的東西，古人說的「神氣」即是此意；「神迎」就是形容一地前方的景觀看來很漂亮，後面的靠山則很雄偉。「鬼避」的「鬼」，是指讓人看來不舒服、甚至會不安的感覺，像是破軍、斷崖、懸壁等陡峭、崩斷、欹斜的危山，山形猙獰如鬼，讓人一看就害怕。

這也就是說，住家前後不要有破軍、斷崖等地形，前方也不要有急水灘頭、急洩瀑布或水箭（請參考《吳教授開運陽宅》第三、四篇）。

風水小常識

上吉之地，也是自然寶庫

好地才會出好水果、好作物，像是台灣的福壽山農場，出產的都是優質的水果與高山茶葉，這也是拜上吉之地的鍾靈毓秀所賜。

「蛟龍非深淵不藏身；猛虎非密林不發威；鳳凰非梧桐不棲駐。」這就是地理原則！好的風水，當地的動植物與礦產必然豐盛，宛如大自然的寶庫，這也就是王勃〈滕王閣序〉所說的「物華天寶」。

小註解

❶好的時辰會避開經過黑道的時刻。這裡所說的「黑道」，也就是日月星辰照不到的地方。

風水小常識

地支與年月時辰

地支是一種順序代號，共有十二個，依次為子、丑、寅、卯、辰、巳、午、未、申、酉、戌、亥；主要用於記時、記日。地支與天干配合使用，以六十個為一週期；可用於記錄年、月、日、時辰。

地支記錄年份

地支	子	丑	寅	卯	辰	巳	午	未	申	酉	戌	亥
生肖	鼠	牛	虎	兔	龍	蛇	馬	羊	猴	雞	狗	豬
五行	水	土	木	木	土	火	火	土	金	金	土	水
陰陽	陽	陰	陽	陰	陽	陰	陽	陰	陽	陰	陽	陰

地支記錄月份

地支	子	丑	寅	卯	辰	巳	午	未	申	酉	戌	亥
陰曆月份	十一月	十二月	正月	二月	三月	四月	五月	六月	七月	八月	九月	十月
月令	葭	臘	端	花	桐	梅	蒲	荔	瓜	桂	菊	陽
季節	冬		春			夏			秋			冬
節	大雪	小寒	立春	驚蟄	清明	立夏	芒種	小暑	立秋	白露	寒露	立冬
氣	冬至	大寒	雨水	春分	穀雨	小滿	夏至	大暑	處暑	秋分	霜降	小雪
五行	水	土	木	木	土	火	火	土	金	金	土	水
陰陽	陽	陰	陽	陰	陽	陰	陽	陰	陽	陰	陽	陰

地支記錄時辰

地支	子	丑	寅	卯	辰	巳	午	未	申	酉	戌	亥
時刻	23時～1時	1時～3時	3時～5時	5時～7時	7時～9時	9時～11時	11時～13時	13時～15時	15時～17時	17時～19時	19時～21時	21時～23時
五行	水	土	木	木	土	火	火	土	金	金	土	水
陰陽	陽	陰	陽	陰	陽	陰	陽	陰	陽	陰	陽	陰

▼中吉之地▲

陰陽沖合，五土四備

有好土壤的地方為中吉之地，適合蓋一般人家的住宅或辦公大樓。至於上吉之地，則留給國家等級的機關衙署使用。

所謂的「陰陽」，是以山水的動靜與形態而論。山的脊線為陰，平面為陽；若以中央山脈來論，西部山勢平緩是為陽，東部陡峭屬於陰。山陽的部分平坦，山陰（山背）的部分陡峭，而位於中央稜線的山脊則屬陰。山脊不能居住，因為地氣從此貫穿，就像是地球的血管正在流通，不能受到堵塞、壓抑。

住在山區，應該「陰中求陽，陽中求陰」，從山脊下到平原之處，就是結穴的地方。如果是在平坦的平原或台地，則應該找個有突出小沙堆的地方，這就是好地理。正如《疑龍經》所云：「平陽一堆土，勝過高山千巒峰。」

＊吳彰裕教授與同學至新竹五峰進行風水勘察。

*陰陽沖合

一般來說，土分為五色：紅、黃、黑、白、青（關於「五土」，請參考《吳教授開運陽宅》47~49頁）；在各種顏色的土壤中，則以黃土為最佳。好土壤的顏色，應為黃中帶紅或紅中帶黃，這種土色也代表了此處地層穩定、不易變動，土質也較乾燥。古人認為，黃土為陰、紅土為陽；所以這種夾雜紅、黃兩色的土壤，也被稱為「陰陽沖合」。「陰陽沖合」之地很適合蓋房子，無論做陰宅或陽宅都很理想。

*五土四備

最好的土要有「太極暈」，也就是一塊地挖開之後，至少具備四色以上的土壤；甚至最好有五種顏色，稱為「五色兼備」。好的土壤還必須具備乾而不燥、潤而不濕的觸感。

▼下吉之地▲

目力之巧，功力之具；驅全避缺，增高益下

一般的辦公室與住家，雖無很大福份選擇中吉之地興蓋，至少可求得下吉之地。

*目力之巧

用眼睛去看外在環境的吉凶，看到不好之處就立刻修正、改造。這就像是種植盆

栽一般，當樹木一長出雜枝，我們就拿剪子來修剪，用後天人工來彌補先天不足之處。

＊功力之具

配合地理師和工匠的技術，爲室內外空間做最適當的配置。例如，戶外庭園的景觀設計、外在環境沖煞的趨避（如外面路箭、水箭等造成的沖煞）。

＊驅全避缺

好的地方適合蓋房子，不好的地方就規劃成公園等公共設施。至於三角形、五角形的地基，爲求居室寬敞，房子的屋基要蓋成四角形，地基剩下來的三角形就不要蓋房子，將多出的空地作爲造景或乾脆變成綠帶。這樣房子才不會蓋得不方整，住起來比較舒適。

＊增高益下

屋基太低而低於馬路路面的就要墊土；基地太高的地方則要推平一點。屋子右邊太高，就要把一些土推到左邊來，達成平衡狀態。

風水小故事

亞洲建築比一比

城市國家新加坡，房子的棟距都留得很大，就算是高樓也不會造成壓迫感。而反觀香港與台灣的各大都市居民，幾乎沒有日照權，大樓很高、巷道又窄，很多高樓的陰影會擋住巷道的陽光，所以台港都市的大樓景觀，均呈現突兀、沖剋、壓迫感等窘境。令人欣慰的是，現在的建築法規也開始針對日照權的問題訂立明確的規定。

＊都市高樓建築緊密排列，剝奪了日照權，也容易造成沖剋。

風水謬誤大破解

從前述說明可以得知，風水就是人與自然的和諧，除開與此有關的「風水」，都屬於迷信層次。風水師其實是用科學來做分析，但很多人因為本身對科學的理解不夠，一旦週遭發生什麼事，就視為一種「剋應」，僅憑著自己既有的經驗與知識去解釋，形成「人言言殊」，每個人講的都不同，甚至穿鑿附會地將風水和羅盤、八字、易經或姓名學等強加牽連、大發謬論，因而誤導了一般大眾對於風水的認知。在這裡我們將要正本清源，釐清一些常見的風水謬誤、確立風水的眞義。

▼風水V.S.羅盤▲

若是按照風水的發展歷史來看，不管陰宅或陽宅，原本都和羅盤毫無關係。

陽宅祭祀源自三代

中國自三代（夏商周）以來，就已經注意到陽宅，歷代都設有專屬的官吏管理。如《周禮》就記載太祀有名為「視祲」的官，並描述此官「掌安宅敘降」，所謂的

「敘降」，也就是祭拜、禱告。打仗前需要勘查山川；勘查時要祭拜山川的鬼神；建邦國時要奠告后土，並且要用牲幣，所謂的「幣」即是錢，戰國時代已有刀幣。

陰宅之說盛行東漢

陰宅之說，從東漢到南北朝最為興盛。在那時，包括唐代的一些風水書，都沒有提到羅盤，只有談及山川形勢。像是一些風水名著，如郭樸的《葬經》，楊筠松的《疑龍經》與《撼龍經》，宋代廖瑀的《十六葬法》，宋代謝和卿的《神寶經》、《天寶經》，明朝劉基的《堪輿漫興》，還有清代張九儀寫的《地理琢玉斧》、清代出版的《雪心賦》等，皆不談羅盤，只談巒頭與天星。謝和卿的《神寶經》曾述及：「嘗觀擇地之要，必當明理為先，故知旁道支離，遂使正宗湮沒。或用針盤而定向坐，或執針例而談吉凶。」就是在駁斥一些用羅盤看風水的人。

羅盤發明於宋朝

從歷史的發展來看，「羅經」（羅盤）的發明約在南北宋之間，原用於航海，一開始並沒有人拿它來做堪輿。至於太極圖，則是五代末期由華山道士陳摶（號「希夷子」）所創。陳摶將之傳給徒弟周敦頤❷，身為「北宋五子」之一的周敦頤則將之公諸於世，傳給程頤與程灝；程灝再配以八卦，最後傳到宋代朱熹，配成六十四卦。所以，以羅盤來看風水是到朱熹以後才有的事，也就是在南宋寧宗至理宗年間才開始。

小註解

❷貫穿濂、洛、關、閩四大學派的理學大師。

明代以後才用羅盤看風水

看風水源自東漢，而古人起初並沒有拿羅盤來看風水。這種做法應是始自南宋，但宋代的風水書也未曾提及羅盤。所以，開始大量用羅盤來看風水，應該是明代以後的事，而當時出現的一些著作也都是僞託古人所寫。

風水小故事

明代的偽古風水書

在明代，曾出現大量偽造託古的風水書，並廣為流傳。例如掛名楊筠松的《青囊奧旨》就是偽書，因為這本書與楊筠松所寫的《疑龍經》與《撼龍經》，不僅文筆迥異，就連理論也是南轅北轍，一看就知道是明人偽造的。

當時會有這種現象，主要是受到明代理學談玄的影響。宋代理學還會談心性，而明代理學卻淪為只是談玄的口舌之爭，很多讀書人喜歡談玄，地理師也不實際去查看巒頭，這時沒有人在傳巒頭的功夫，假功夫（如用羅盤看風水等）卻到處流傳。很多明代讀書人玩卦術，用其來占卜天運如三元九星，此外還有所謂的「八卦八宅」（用八個卦看八個陽宅），這些都是到了明代之後才冒出的理論。當時市面上也開始出現一些談論卦術的書，最有名的就是《催官》（教導如何升官發財的招數）、《天玉經》等，再加上一些卦術夾雜巒頭的書，使風水理論開始變得正偽難分、模糊莫辨。

例如，明朝堪輿名家蔣大鴻（字平階，相傳是蔣中正的祖先），就故意寫了兩本書來惑亂世間，一是《地理辯正疏》；另一為《地理玄龍經》。如今這兩本書廣為流傳，卻都是做偽、講假話的誑世之作。蔣大鴻真正的傳家之寶只傳給他兒子，名為《祕傳水龍經》，直到康熙年間，蔣家後代才被迫上貢此書給朝廷，編入《古今圖書集成》。《祕傳水龍經》的內容與前兩本截然不同，完全不提理氣，也不提羅盤、卦術與方位，而只談水龍、水與堪輿的關係；這是因為蔣大鴻是江南人（浙江人），浙江多水，所以他對地理的水龍研究特別深，也是歷代首先以水文地理單獨著成學理之人。

羅盤只適用陰宅堪輿

根據我個人從事陰、陽宅堪輿的實務經驗，羅盤、理氣這東西確實存在，只是並非外面所說的三元九星那麼簡單，也不像《玄空大卦》講的那麼複雜。然而，羅盤應用於陽宅並無多大作用，在陰宅卻不得不重視。

我這幾年就常碰到這樣的例子。通常我爲了幫喪家省錢，多半會去找公墓地，而公墓地當然都是人家已經遷走的。有一次，我看那墳墓做得很漂亮，這塊地的巒頭也沒問題，照我的「十六字眞言」標準來看——「後背有靠、左右有抱；堂前有照，照中有泡」，格局也都符合。但那裡的「仕仫仔」❸卻跟我說：「這墳墓不知道怎麼了，才下葬就立刻『散』。仙耶，這到底是出了什麼問題？」我發現問題不是出在這塊地，而是和埋葬的方位有關。由於羅盤中的角度和方位不對，這家人出了很多事，也就是埋在很好的風水，骨骸卻吸不到天地正氣，所以墳裡的屍骨常發生不會腐化，或是「水蟻侵棺」、「蛇鼠爲窩」、「空亡無氣」、草木不生等狀況，導致家裡災禍連連，家人不知其所以然，只好將墳地遷走。其實這只是方位的問題，稍微移動角度就行了。

看陽宅無須用羅盤

羅盤對陰宅影響很大，但看陽宅就不需要羅盤了。會拿羅盤看陽宅的，只有三元或三合派的風水師，像我們這種比較有實務經驗的都知道：陽宅跟羅盤的關係不大。

小註解

❸專門在墳地幫人修築墳墓、撿骨，執行相關下葬儀式的人。

風水小故事

祖墳角度差，家中連年禍

我在台中有個出身望族的朋友，他家本來在中港路、英才路有很多土地，只因為他祖母的地葬得不好，導致父親在兩年後也中風癱瘓，家裡很快就敗光財產，禍不單行的是，母親也接著病危而被送入加護病房急救。

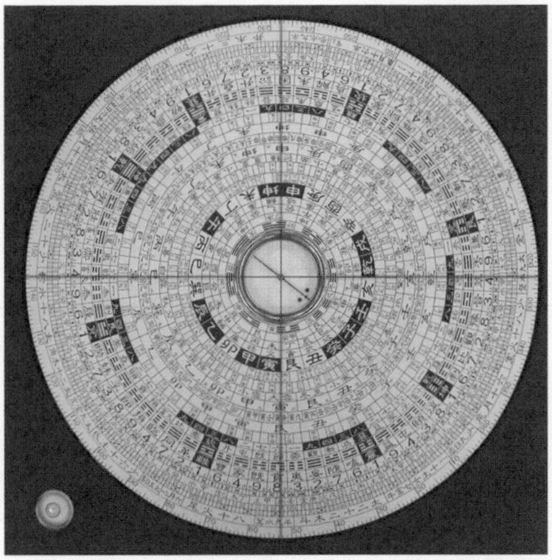

＊羅盤中央的分隔線爲分金線，其上有兩條。

當時我去看他家的墳地，便發現祖母的墳地充滿空亡之氣。用羅盤來看，可以發現她被葬在「空亡分金」的角度，難怪自祖母下葬後，他們家裡就連年禍事。

棘手的是，他祖母那個墳還不能隨便動，因為屍體未化，所以無法撿骨。我只有祭出一項權宜之計：打掉墳墓重做，墳墓做好再去移動墓碑，調好墓碑的方位再去移動棺材，神不知鬼不覺地把墳地的方位調整好。做好墳地後不到一週，他原本在加護病房插管的母親就出院了，家裡的生意也慢慢變好。那位朋友以前常打電話跟我叨唸店裡沒生意，現在則是忙到沒空打電話給我呢。

像是有一次，我幫某知名節目主持人看房子，因爲她媽媽一直跟我講這房子的方位有多不好，所以我就帶了個一尺二的大羅盤去——其實，我也沒用到這個羅盤，只是拿來讓她媽媽安心的。

她媽媽一看我拿著這個東西，就說：「這師父果眞功夫厲害！」我隨便在那邊比劃一下，她就跟我說：「仙耶，仙耶，我這房子找兩個師父來看，一個講說犯「五黃煞」❹（三元派特有名詞）；一個說前面犯「官符」、後面犯「亡神」（三合派特有名詞）。」我於是跟她說：「妳找的這兩個師父，一個是學三元的、一個是學三合的。」

三元用八卦看地理，三合用八字看地理，兩者皆爲非正統的看法，完全不管週遭環境、路勢與房子的結構、格局，所以我向她解釋：「這裡的風水跟那兩位先生說的完全是兩回事。妳這房子很吉祥平安，儘管住下去就對了。」果眞，這藝人住了這房子之後，就星運亨通一路發。

離開她家之後，那位藝人問我爲什麼不打開羅盤，我告訴她：「我拿這羅盤只是爲了安妳媽媽的心。否則她會認爲我隨便講兩句。」

其實，依我的功力，瞄十秒鐘就知道這棟房子能不能住、住了會出什麼問題，或是以前曾出過什麼問題；帶羅盤去只是爲了讓那位媽媽覺得我的確有兩把刷子。其實，看房子並不需要羅盤。

風水小常識

羅盤的基本結構

羅盤也是以天干地支為架構，以十二地支為主──子丑寅卯辰巳午未申酉戌亥（十二地支），輔以八干四維──八干為甲乙丙丁庚辛（戊己屬土在中央）；四維是乾坤艮巽；坎離震兌四卦則納在子午卯酉之中，為天地四正位（正東、正西、正南、正北）。從風水來看羅盤，這些方位與風水格局其實根本風馬牛不相及。

小註解

❹房子中央之處爲煞方。

▼風水V.S.易經▲

學易經和看風水毫無關連

過去我在大學開授風水課程，總有很多學生會問我：「老師，我們要不要先去學《易經》？」我聽了都會一笑置之。我在外面幫人看風水或演講時，邀我去演講的人和聽完演講的聽眾，也往往會跟我說：「吳教授，你一定把《易經》學得很好！」我只好連忙點頭說是。其實，學好《易經》和看風水一點關係也沒有，因爲這本書從頭到尾都沒有談到風水。

過去在中國，每個要當大儒的人都得讀《易經》；宋元明清以來，很多談玄學與理學的人也都以《易經》爲本，讀《易經》因而成爲雅俗共賞的風尚。每個人不論談什麼，多少都會將《易經》的內容拿來套用。其實，《易經》原本就與風水

＊吳彰裕教授率領同學至台北指南宮進行風水勘察。

＊吳彰裕教授與警大堪輿社同學做實地户外風水教學。

毫無關連，向來也很少有人能把《易經》全部讀完。要是眞能讀完那麼難懂的《易經》，不是去教國文、就是去教哲學了；反倒是檯面上有些不懂《易經》的人老在高談闊論、穿鑿附會。總之，《易經》和風水無關，更不可用以作爲風水的方位之學。

易經談的是天地、鬼神與吉凶

邵雍在《說卦傳》中曾如此寫道：

昔者聖人之作易也，幽贊於神明而生蓍。昔者聖人之作易也，將以順性命之理。

孔子則是這樣解釋易經：

易與天地準，故能彌綸天地之道。仰以觀於天文，俯以察於地理，是故知幽明之故；原始反終，故知死生之說；精氣爲物，遊魂爲變，是故知鬼神之情狀。與天地相似，故不違。知周乎萬物，而道濟天下，故不過。旁行而不流，樂天知命，故不憂。

一陰一陽之爲道，易經談天地、剛柔、鬼神與吉凶，卻從未提及「風水」二字。

▼風水V.S.八字▲

何謂八字？八字是一個人出生的「年月日時」，又稱爲「四柱」。因爲每個「柱」裡都有一個干支；所有的干支合起來剛好有八個字，故稱爲八字。

唐朝李虛中首創以八字來推命

八字是古代的一種推命術，推命術從漢代就已出現，在當時是與星象學結合。漢代的人用生辰年月來推命，但還沒用到八字；直到唐代李虛中寫了一本《命書》，才開始教人用八字來推命。

五代徐升發明「子平推命術」

不過，李虛中的推命術是以「年」（「生年」）爲主，後來大家發現這樣一算，有很多同年同月同日生的人被推算出來的命運都會很雷同；所以到了唐末五代，又有一個道士徐升（字子平），把李虛中以年爲主的推命術，改成以日爲主的推命術；由於徐升字子平，這套方法又稱爲「子平推命術」。徐升寫了一本《淵海子平》，以日主干支來推論個人的八字，這樣就能減少同年同月同日生的問題，起碼減少了八倍的失誤機率。這套「子平推命術」也一直延用迄今。

後代將推命術套入方位學

推命術完全是以陰陽五行來推斷個人的八字，與山川形勢、風水所講究的「龍砂穴水」等，根本毫無關連。然而後代卻受到方位學影響，把個人的八字套入方位，說是哪年出生的人該坐哪個方位較好，實在非常不科學！

*三合派的方位學

舉例來說，民國九十五年（西元二〇〇六年）爲丙戌年，丙屬火，戌屬土，而丙戌這一年屬「屋上土」，所以今年出生的人走土運（今年生的人一生都走土運，今年所有的人也都走土運，這點實在挺矛盾的！）。若以八字學來看，走土運的人以二〇〇六年的年運來說，土居中，如果二〇〇六年朝東的話，東方屬木，木剋土，故爲殺氣，所以東方不利；如果朝向西方，土生金爲洩氣，稱爲耗神，就是破產、身體不好。所以二〇〇六年以八字來論方位，就是：東西不利，南北大吉（請參考下圖）。

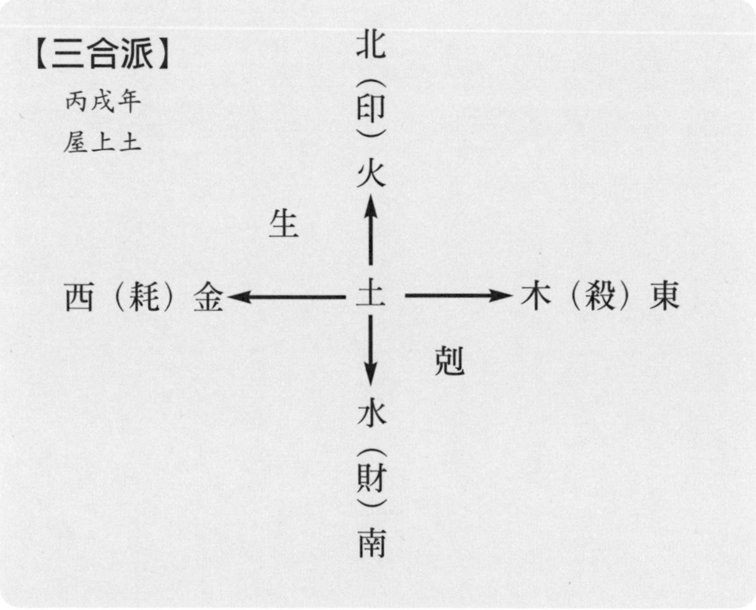

這是用八字來推論的算法，二〇〇六年生的人，一生都要坐南北的方向，而不能朝向東或西。如果二〇〇六年要買屋，因爲走土運，所以要買南北向的房子，因爲北方火生土會得印，所以會升官；而土剋水爲財，所以會發財，這實在沒有道理啊！這樣說來，二〇〇六年（丙戌年）生的人，一輩子不就只能買南北向的房子了？如果東西向的房子剛好位於「倒退龍」，你還要不要買這房子？如果龍向明年逆轉，這房子還要不要考慮呢？這一派說法，我們稱爲「三合派」。

＊三元派的方位學

三元派論方位的方法，又和三合派有所不同。以三元派來說，二〇〇六年是七赤年，七赤屬火運，所以二〇〇六年生的人一生要朝向北邊（請參考下圖）。

三元派因爲講「三年一運」，凡爲三或九的倍數都是一次大轉換；三合派的八字則認爲是「十年一運」或「十二年一運」，重視十或十二的倍數。這些都與自然法則完全無關，純粹以玄學來推論。用這種方式來看風水，其實非常危險，這就是第五流的風水師，稱爲「死不知走」，明明是一塊煞地，只因符

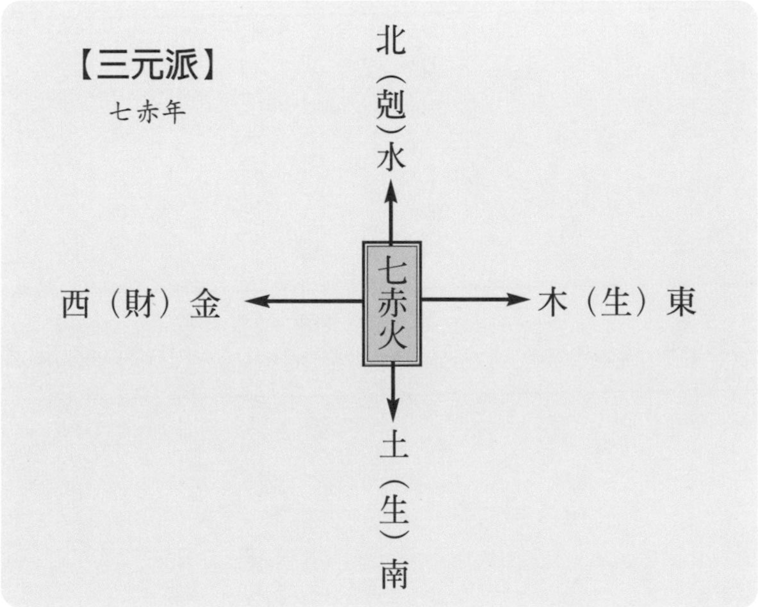

合你的八字就去住；明明是一塊風水很好的地，卻因不符合你的八字而放棄。所以，不要太迷信這些理論，否則你每三年或每一年就要換一次方向，門的方向要改一次、辦公室座位的方向要改一次……，豈不荒謬？

自古以來，看風水都沒有用過這樣的方法，而是從明末清初後才開始出現；宋朝以前的地理專書（堪輿書）也未曾論及八字與方位，而是明末清初那些末流之士把玩數術時，才把這些東西弄進堪輿之學，使得眞正的學理反而遭到混淆，所謂的風水之說於是變得眞僞難辨。現在，這些論調已積非成是，很多道士惑於此道，而造成很多人有福享不得、明知有禍還要陷進去的奇異現象。

▼風水V.S.姓名學▲

古人並不注重命名學問

上古時代的人，名字大都隨性而取，並無特別涵義，直到後代才開始注重命名的學問。春秋戰國時代的名人，就有很多怪名字。像是幫秦始皇統一天下的大將軍王翦，「翦」字就不是很好聽；而和秦始皇母親通姦的假太監叫嫪毒，名字裡甚至還帶個「毒」字！

此外，秦始皇還有個叔公，名爲樗疾。戰國時代有這麼一句話：「力則任鄙，智則樗疾。」意思就是說，戰國時代最有力氣的是任鄙，最有智慧的人是樗疾。任鄙因爲出身微賤，故名「鄙」，據說他可以徒手不拿武器就打死老虎。樗疾之名，則是因爲他生來就罹患小兒麻痺、不良於行，而稱爲「疾」；加上他又住在樗里，那裡種了很多樗樹❺，於是就以「樗」爲姓。

漢朝開國的第一任皇后呂后，名爲呂雉；劉邦的媽媽叫做劉媼（「媼」爲老太太之意）；舜的媽媽則叫握登。劉邦也是在建立漢朝後才改名爲邦，之前的名字則爲劉季，翻成白話也就是劉三——因爲「季」是排行第三之意，這也是劉邦在家裡的排行。項羽的名字也很難聽，因爲他從小到大都和鳥有關，故名爲「羽」。還有范蠡的「蠡」字，是指水裡的一種蟲；其他像是越王句踐、王莽、曹操，「莽」和「操」等這些字，聽來都很不雅！

風水小故事

姓氏的起源

日本人的姓氏，也多和地名有關。像是住在田旁邊的姓「田邊」；住在河之源流的姓「川中」；住在漁人碼頭的姓「渡邊」；姓「井上」的通常就住在水井旁；還有姓「犬養」的，則是家裡世代都幫宮廷養狗。

在中國上古時代（春秋戰國時代），姓氏也與身份、居住地、住宅或從事的行業有關。例如「吳」這個姓氏就和江蘇的浯江有關。浯江一帶以前稱為「天門」，滄江的出海口稱為「浯」。相傳周朝的祖先古公亶父想把王位傳給周文王（季歷），由於王位原本應傳給長子或長孫，身為文王哥哥的太伯得知此事，就自己跑到「浯」這個地方，以免與弟弟形成爭奪繼承權的尷尬局面。到了春秋戰國時代，太伯的後代又出現一個在歷史上很有名的子孫——季札，也是住在浯，所以太伯與季札都是吳姓的祖先。台灣吳姓的祖先為延陵，最遠則可追溯到周代之前的太伯。

小註解

❺樗，台語稱爲「樹仔」，也就是可食用的「破布仔」。

姓名學發展始於南宋邵雍

姓名學是從南宋邵雍開始，才慢慢發展出來。在《梅花易數》這本書中，邵雍拿易經來占卜、測字，測字也就是從字的字音、字義、字形和筆劃數，再參酌陰陽五行來推測人的吉凶，到了後世才慢慢演化成姓名學。所以姓名學的出現，最早也應該是在南宋之後。

看姓名挑風水是無稽之談

風水的起源要比姓名學更早，所以風水怎麼會和姓名學有關係，哪有姓什麼、名什麼就該住哪裡的房子這種道理呢？古時候的人，多半是看自己住在什麼地方，就依照該地的地名來命名，從這一點來看，就可以證明姓名學與風水無關；也就是並非名字有「山」，所以你該去住山邊，而是因爲你住山邊，所以才取了帶有「山」的名字。至於你的姓名筆劃數屬於何種陰陽五行，就應該配合去居住哪個地方，這更是無稽之談了！

▼風水V.S.陰陽宅▲

陰宅管人丁

自東漢以後，大家才開始了解陰宅對後代子孫的影響。《葬經》如此寫道：「人受體於父母，本骸得氣，遺體受蔭。」陰宅會影響整個家族、宗脈的頹旺和人丁的興衰，所以祖先若葬在好風水，整個家族都會出好人才，例如子孫都是律師、醫生、老師或當上官員，這叫「鍾靈毓秀」；祖先若葬在壞風水，則會導致這家族的後代常出車禍、罹患怪病，或是生出癡呆兒。

我就曾看過一個家族，叔公那邊的兒子罹患了腦性麻痺，請我看風水的這一房也是兒子得腦性麻痺；像這樣不只一房會出現問題的，通常與陽宅無關，純粹是陰宅有問題所致。後來經我一問，才知道他家阿公、阿嬤的墳葬在龍邊低窪之處，因爲墳前浸水，於是導致整個宗族現今無丁——族裡唯一的兩個男孩都腦性麻痺，等於沒丁，這就是受到陰宅的影響。

陽宅掌家運

陰宅管人丁，陽宅則是掌家運。如果，只有你這一房的家人出狀況，而你的兄弟姐妹家裡都好好的，這就是你住的房子風水有問題。例如，你兄弟的孩子都很會讀書，只有你家的小孩成績很差，這種事別去怪陰宅，多半是因爲陽宅出了問題。

陽宅會影響一家人的前途、夫妻感情和親子關係，還會影響到全家的健康與財運。陽宅的風水要看外在的馬路（水路）、景觀與家裡的陽台、客廳（明堂）等。馬路、景觀、陽台與客廳，會影響到全家人的發展。主臥室決定夫妻感情，主臥床位與後陽台會關係到子嗣的優劣，包括兒女的多寡、智愚和他們的前途。廚房與廁所則是和全家財運有關，廚房是正財，廁所為偏財。廚廁、樑柱與樓梯都會影響全家健康，樓梯管神經，樑柱管筋骨，廚廁則管理臟腑（五臟六腑中包含腸胃）。至於整棟房子的外觀，則將關係到全身。

所以，家裡若是有人不平安，就照我所說的，去看看你家的風水到底是哪裡出了問題。而這些風水鑑定知識，也就是接下來我們所要討論的內容。

＊陽宅的客廳格局會影響全家人的前途發展。

【第二章】

職場風水

職場風水分爲商場風水與辦公室風水，
商場最講究的是貨物儲藏、貨架陳設的佈置；
辦公室則要考量桌椅擺設、走道動線，
以及座位之間的主從關係。

決定職場地點時，要選擇良好的外在環境，
先以馬路來定優劣，因爲馬路代表水，水就是財運；
其次則要觀察與週遭景觀是否協調或衝突，以免形成沖剋。
內在環境則必須視不同職場的屬性與需求，
對建築外觀和室內裝潢進行整體的規劃與設計。

本章將從辦公室配置、馬路形式、景觀禁忌，
到地基、屋形、大門和天花板等各層面，
說明公家機關、公司辦公室、商場這三大類職場，
平時應注意檢視哪些風水格局與環境條件，
才能達到營運順利、步步高升、聚氣旺財的目標。

辦公室的配置

職場風水可分為商場風水與辦公室風水，兩者注重的要點也有所不同。一般來說，商場最重要的是貨物儲藏、貨架陳設的問題；辦公室因為只有辦公人員，要考慮的則是桌椅的擺設、走道形成的動線和位子之間產生的主從關係——哪些地方適合做主位？哪些地方適合做員工的位置？這就是辦公室風水要講究之處。而員工依其工作屬性，又可分成對外的業務人員與內部的行政人員，主要包括四大類：⑴主管幹部；⑵業務；⑶在內部掌管人事、財會和採購總務的管理部門；⑷存放檔案和電腦室等倉儲部門。每種職位適合的位置都不同，而且也應留意位置之間所形成的動線與相對性。

▼常見的辦公室格局▲

我想把目前全球最常見的辦公室格局分成三大系統，第一種為「中國式」；第二種為「歐美式」；最後一種則是「日本式」。這三種辦公空間的規劃較有規則可循，至於目前隨著行動科技成熟而逐漸增多的行動辦公室，則不在討論範圍之內。使用行動辦公室的人多半從事酬庸工作，無固定薪水；我們現在要探討的則是有固定位子的辦公室，這種職場的員工領有固定薪水，就算是業務員也有基本底薪。

接下來，我們就來看看這三種辦公室的特徵及其優缺點。

中國式辦公室

*層級節制清楚，責任配置分明

中國式辦公室的格局，猶如「行軍打仗、隊仗紛紜」，也就是空間層次相當分明。在解釋中國式辦公室格局前，我們先來談談古代軍事學在戰場上的配置法則（請參考下圖）：主帥必定在隊伍後方居中策應，以靈活協調各部門；主帥後方爲後勤補給，兩邊則是拱衛兼支援的部隊。拱衛又分文武兩班，文班在左，管理行政；武班位右，由參謀武將和指揮軍隊的將領組成；最前方是戰鬥兵團，分成三軍——馬、步、弓（馬軍、步軍與弓箭手），此爲前鋒。

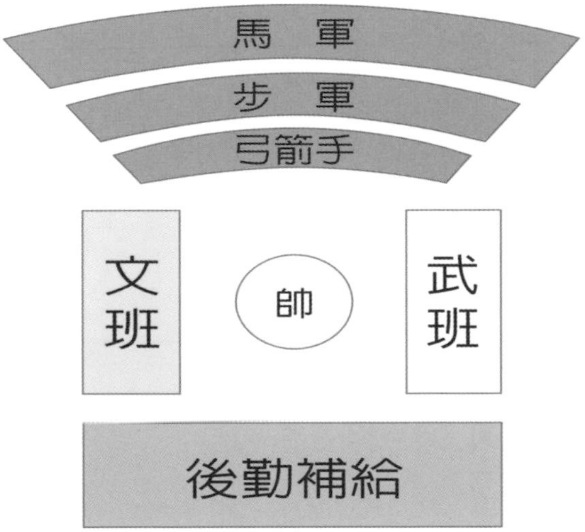

＊古代軍事學的戰場配置。最前方爲前鋒；左右的文、武班負責支援前方、拱衛主帥；最後方才是補給部隊。

我們也可以根據這樣的配置來觀察中國式辦公室的格局。

＊辦公室前方：先鋒的業務部門

一進大門要先看到業務部門，因爲業務部門就如同前鋒部隊，要去開拓市場，而市場又將決定生產。如果只有生產能力卻缺乏市場，產能再好最終也只得關門；反之，若是有市場卻無自行生產的能力，也不一定要親力親爲，找別人來代工即可。

＊辦公室中段：拱衛的行政部門

每間公司都會有負責管銷的行政部門，不管是由一人包辦所有工作，或細分爲會計、採購、出納、總務等單位，還是當公司規模達到一定程度就會設置的人事部門，這些單位都如同古代打仗時的拱衛部隊，所以最好不要離高階主管太遠。

＊辦公室深處：中樞的主帥位置

高階主管必須掌控全局，又不至於對員工造成直接壓力，辦公室位置必須具備藏而不露的特性。從主管的座位來觀看整間辦公室，應能看到所有人員；但其他在工作的員工卻不太能察覺到他。所以一般來說，主帥應位於辦公室較後方的位置。

台灣的鎮公所或各級學校辦公室，正是標準的中國式辦公室格局，鎮長室或校長室一定是在整棟行政大樓的二、三樓，處於最重要的樞紐位置，當主管的才有權威。至於私人公司行號的辦公室，所適合的樓層與公家機關又不相同，請見第五章134頁說明。

＊展示間：視展示內容調整位置

主管的辦公室後方、或是走廊兩邊的閒置空間，可以規劃爲餐廳、倉庫、中午休息的場所，或是會議室、會客室或展示間。帶有「銷售產品」任務的展示間，一定要擺在辦公室的最前面，因爲要趕快把產品賣出去；然而，如果展示的是研發中的成品，展示間則要設於辦公室最後方，因爲這些展示內容屬於公司的業務機密。例如，鞋子的「成品」樣本，一定是放在公司最前方的業務部門；但鞋子的「設計」樣本，就要放在辦公室最後方。成衣產業也是一樣，像是明年或後年才上市的服裝、配件，一定是放在辦公室最後方；當這些樣品已經量化生產、即將上市銷售，才能擺到辦公室最前方。

中國式辦公室的特徵就是：主從關係非常清楚，「層級節制（一層管一層），責任分明」，哪個部門出問題，就直接找該部門的主管或承辦人即可。打從一進門開始，光看位子就知道坐這裡的人負責什麼職務。

＊吳彰裕教授帶領同學至越南台商工廠做實地風水考察。

▼一般辦公室可分為開前門、開側門（分左、右邊）和開後門三種情形；這三種情形又各有從左龍邊、右虎邊和中間出入之分。以下就列出各種開門格局的辦公室配置平面簡圖，供大家參考。

中國式辦公室平面簡圖 1

開前門

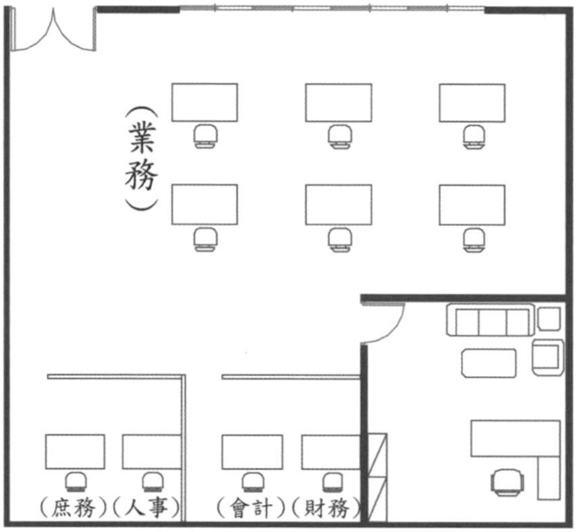

▲開龍門：生龍開口，金銀萬斗

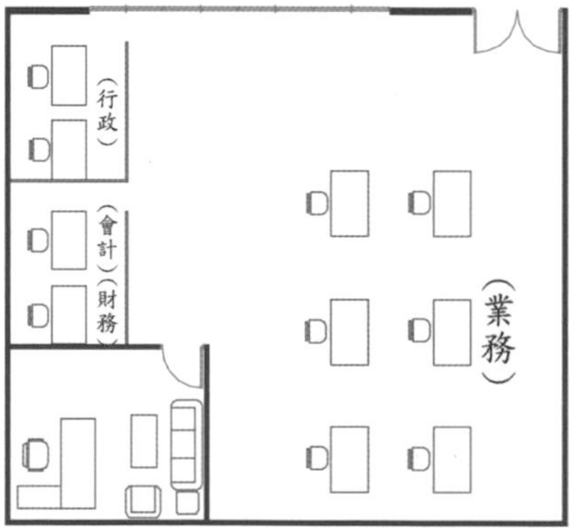

▲開虎門：虎門進出，計無一失

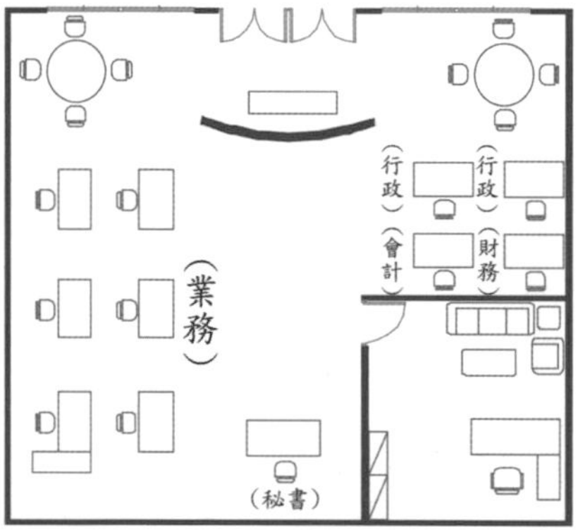

▲開中門：門開中間，不留閒人

中國式辦公室平面簡圖❷

＊開側門（左）＊

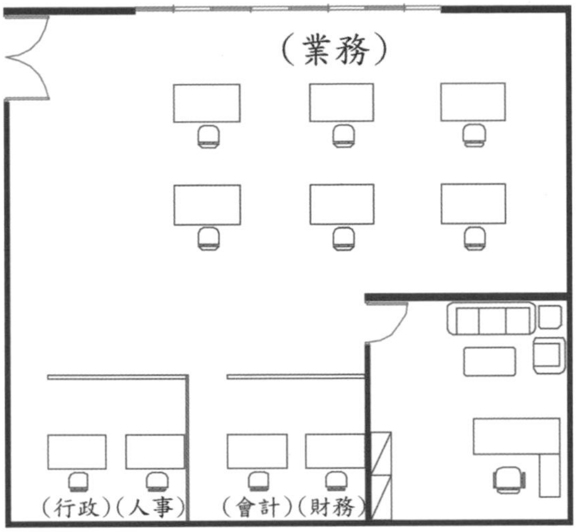

▲開龍首

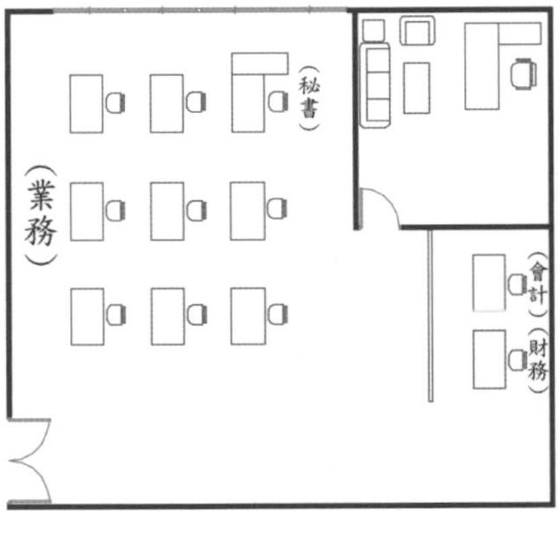

▲開龍尾

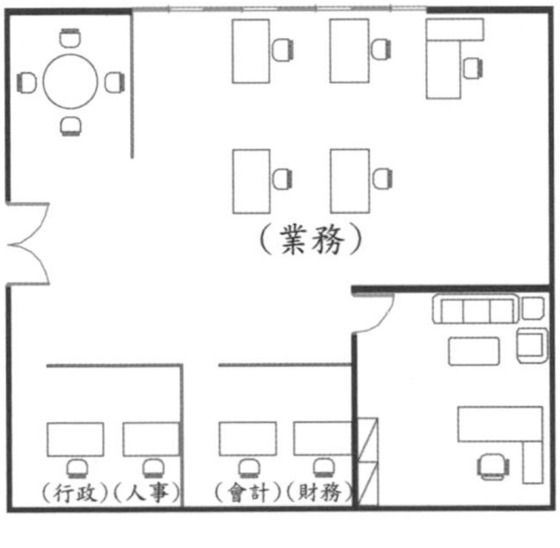

▲開龍腹

中國式辦公室平面簡圖❸

開側門（右）

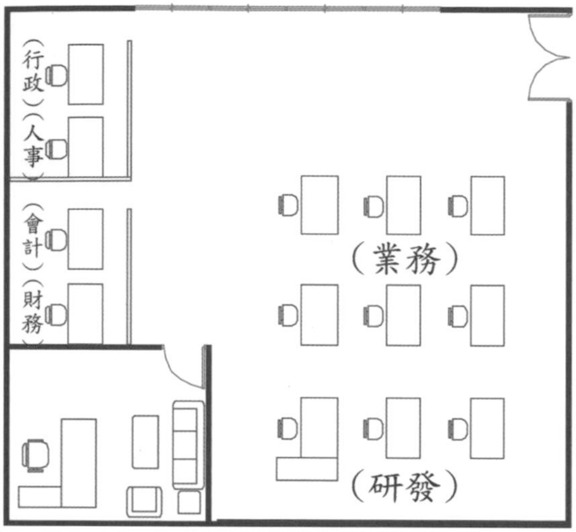

▲開虎首

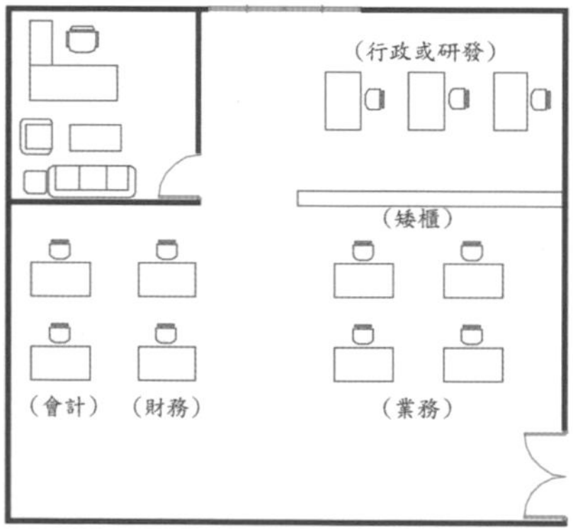

▲開虎尾

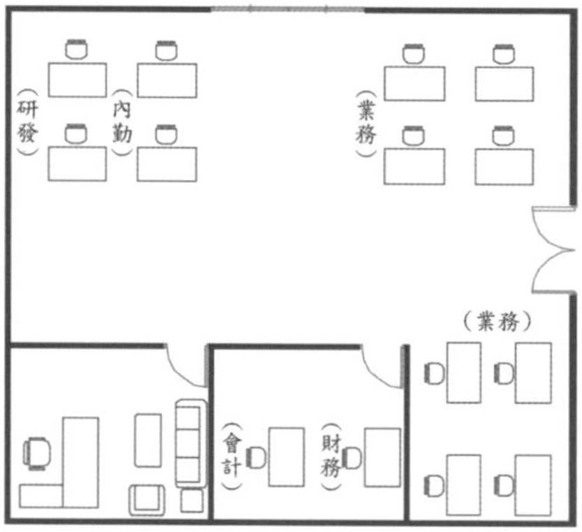

▲開虎腹

中國式辦公室平面簡圖 4

＊開後門＊

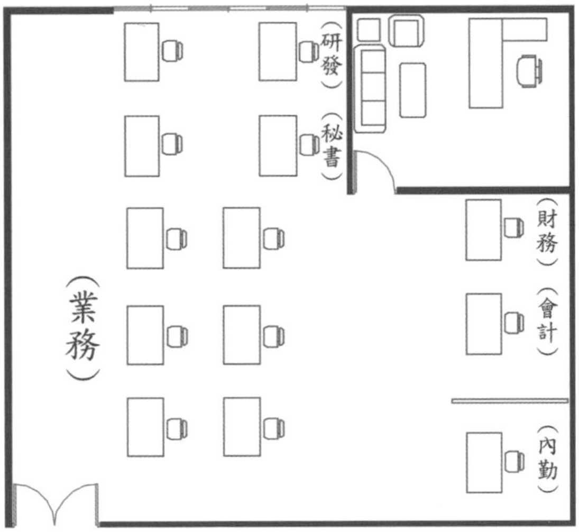

▲開龍口

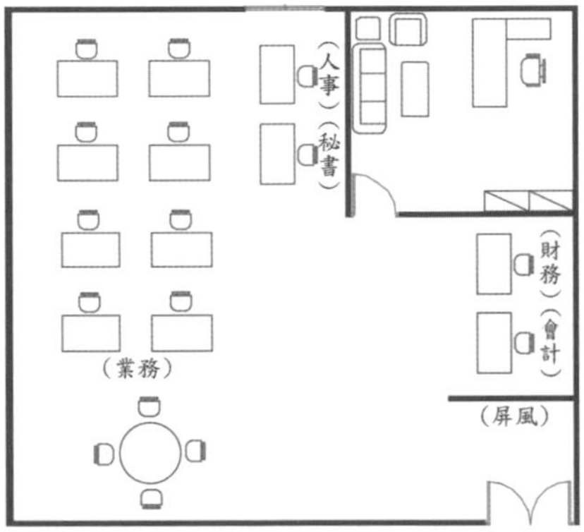

▲開虎門

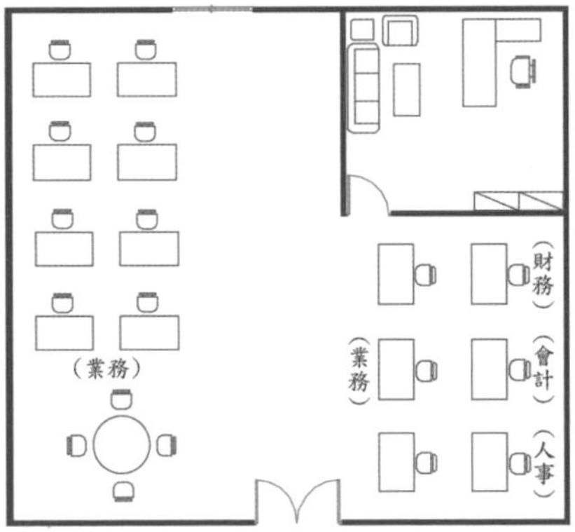

▲開中門：格局最差

*老闆坐享美景，獨攬權位前途

雖然一般來說，歐美國家比較強調個人主義（Individualism）；然而，這種個人主義卻是從集體主義（Collectivism）發展而來。所以，歐美國家的老闆高高在上，員工就像螺絲釘般，可以隨時丟棄、隨時補充；而辦公室的空間配置也具有這樣的特性，有景觀的位置留給老闆，員工則被配置在辦公室的中央。

我在《吳教授開運陽宅》曾提到，前面望出去的景觀稱爲「明堂」，代表前途。所以，坐在屋內中央看不到景觀的員工，一輩子也就沒有前途；而坐享美景的老闆卻一天到晚往外跑，擴展自己的業務。

*員工困坐中央，沒有發揮空間

因爲把最好的景觀留給老闆，這種公司的階級也變得不易流動，老闆永遠是老闆，員工很難翻身。這樣的好處是：公司的業務永遠不會被他人奪去，因爲一直掌握在老闆手上；然而，只能做固定工作而且被關在公司裡的員工，看不到外面的風景，形同永無天日，不但容易變得故步自封，而且動不動就會被裁員。

當然，這種制度有時也會導致老闆負擔過重，因爲老闆負責養員工，使員工都變得懦弱無能、不敢擅自做決定。其實，老闆應該要賦予員工某種程度的自由。

＊工作空間較小，人際摩擦增多

目前，這種辦公室的格局最爲常見，因爲現今全世界的室內設計理念多是源自歐美國家。尤其台灣這二十年來幾乎所有辦公室都設計成這種類型，這樣員工會比較沒有前途。

此外，眾多員工擠在辦公室中央，也會因爲空間狹小而造成彼此的摩擦增多。處於這種格局的辦公室，因爲摩擦多、是非多，人際關係往往不融洽，這就是歐美式辦公室的缺點。

＊吳彰裕教授所勘查之工廠格局實際案例。

＊工廠前方案山之風水格局。

▼一般辦公室可分爲開前門、開側門（分左、右邊）和開後門三種情形；這三種情形又各有從左龍邊、右虎邊和中間出入之分。以下就列出各種開門格局的辦公室配置平面簡圖，供大家參考。

歐美式辦公室平面簡圖❶

開前門

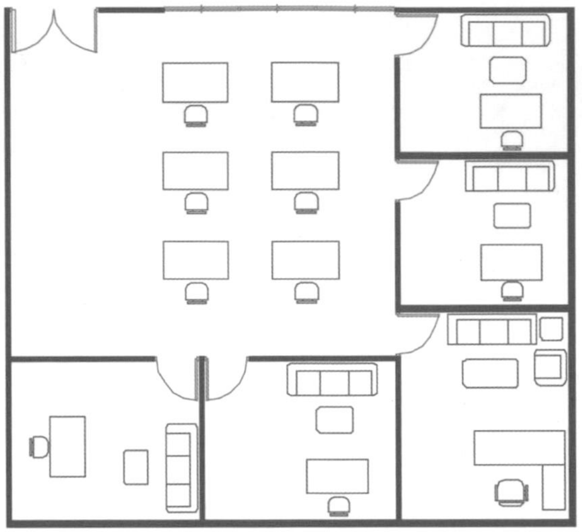

▲開龍門

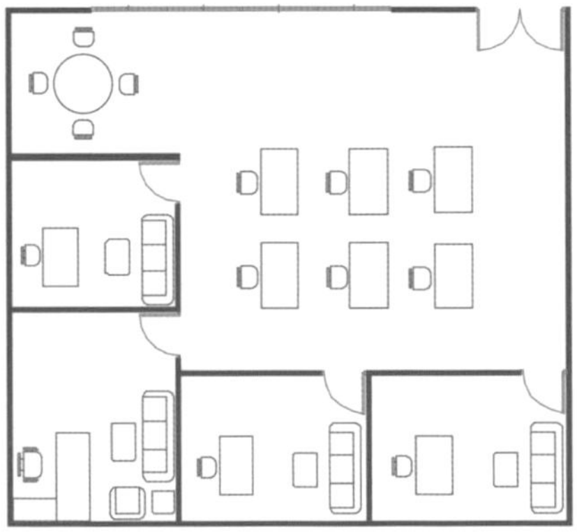

▲開虎門

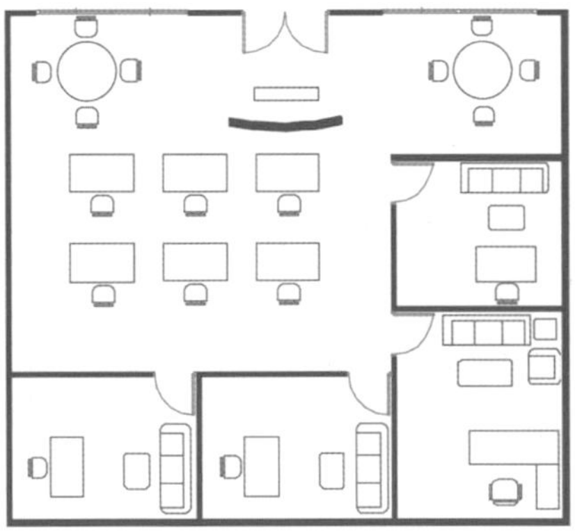

▲開中門

歐美式辦公室平面簡圖❷

＊開側門（左）＊

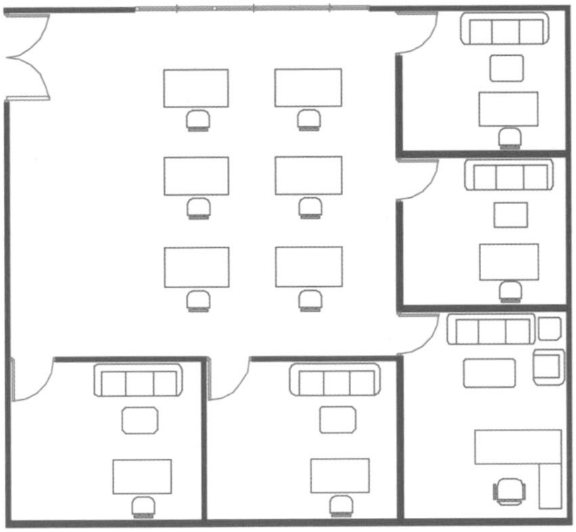

▲開龍首

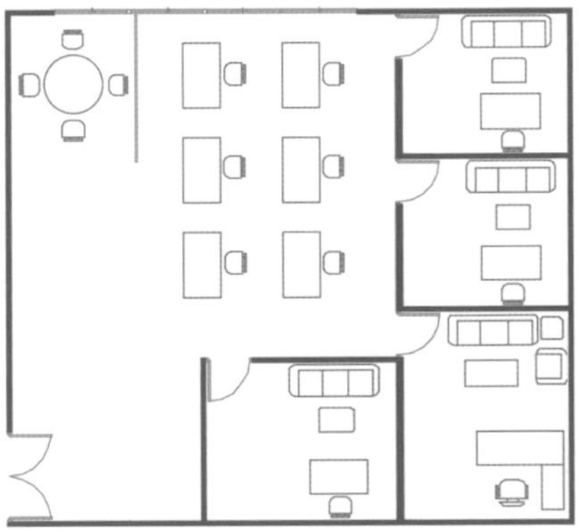

▲開龍尾

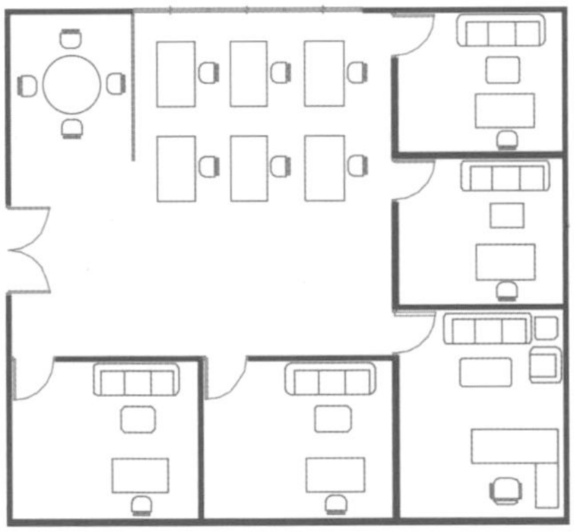

▲開龍腹

歐美式辦公室平面簡圖❸

＊開側門（右）＊

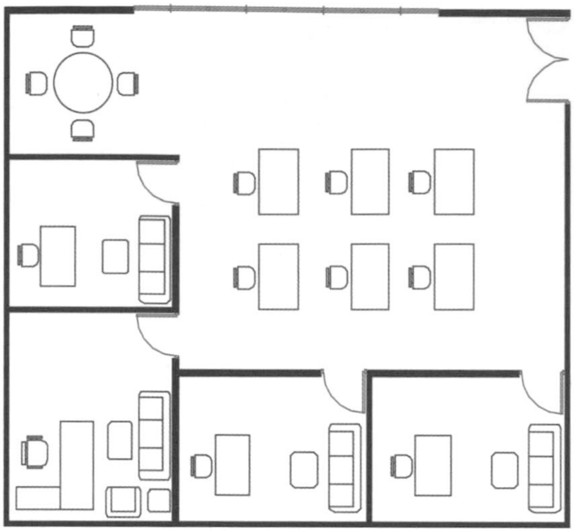

▲開虎首

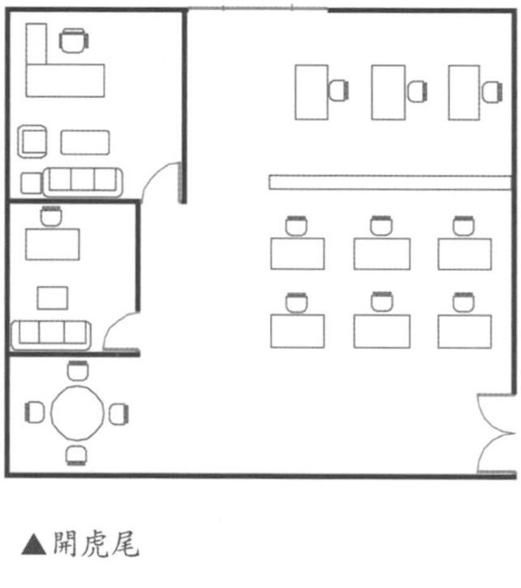

▲開虎尾

▲開虎腹

歐美式辦公室平面簡圖❹

＊開後門＊

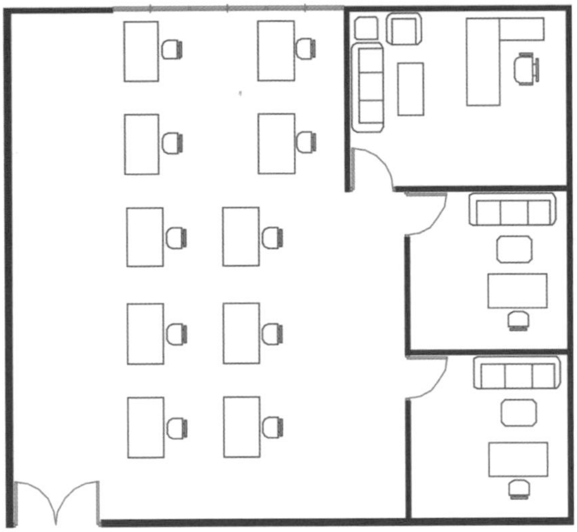

▲開龍口

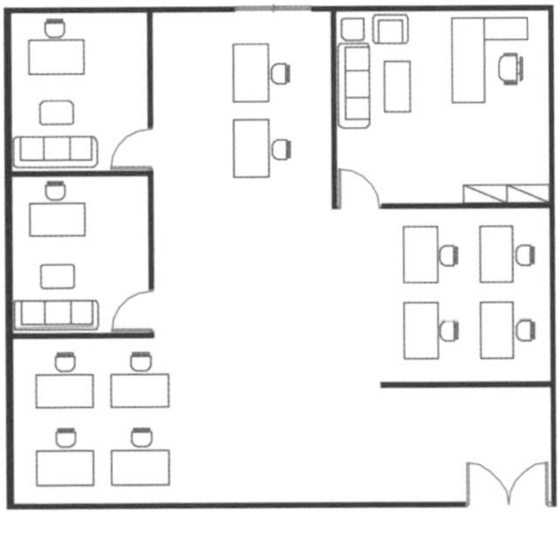

▲開虎門

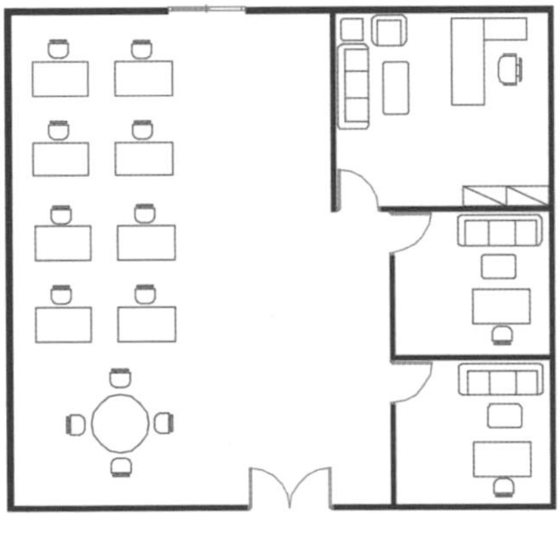

▲開中門

日本式辦公室

＊看得到彼此，可相互制衡

日本這個民族相當注重禮貌、很有人情味，由於集體壓力很大，所以會約束個人的行爲。這樣的民族性也反映在辦公空間之上，因此在日本公司的辦公室裡，員工和老闆的距離比較近，老闆也很少把自己和員工隔絕起來，頂多是用個ＯＡ屏風隔出半開放的區塊。在這樣的辦公室空間，老闆看得到員工、員工也看得到老闆。

日本公司的好處就是非常協調、具有集體的創造力，但缺點卻也是較無個人空間，所以在這樣的工作環境裡，大家自然而然會養成「自私公幹」的氣氛，如果某個人自私、缺乏公德心，就會被眾人排斥。而員工也比較不敢公器私用，因爲大家都看得到彼此，將發揮互相監督制衡的作用。

＊階級層次分明、上下關係協調

在日本式辦公室，階級層次依舊分明，因爲老闆仍坐在後面的位置，而他的屬下、員工就坐在辦公室前部，最低階的坐前面，高階的則坐後面一點。不過，大家都看得到彼此、也看得到風景，所以員工之間會很團結，上司與下屬的關係也會很協調。

＊遭遇瓶頸困難，能夠共體時艱

日本式辦公室雖然也是層級分明、責任清楚，不過日本老闆通常比較沒有台灣老闆那種當官的威嚴；中國人喜歡當官，若拿日本老闆和中國老闆相比，我們會發現中國老闆比較官僚，日本老闆則喜歡和大家打成一片。所以，日本老闆較少開除員工，員工相對地也不太容易背叛老闆；如果景氣不好、公司遇到瓶頸時，大家也都能共體時艱，絕不會弄到把公司搞垮、大家都沒工作的地步。這就是日本式辦公室格局配置的好處。

至於中國式辦公室，就全是靠個人英雄主義，要是老闆垮台了，大家也就跟著沒飯吃。這樣一來，員工該怎麼辦呢？其實啊，員工早就迫不及待自己出去當老闆了！

＊吳彰裕教授所勘查之工廠格局實際案例。

＊工廠背後靠山之風水格局。

▼一般辦公室可分爲開前門、開側門（分左、右邊）和開後門三種情形；這三種情形又各有從左龍邊、右虎邊和中間出入之分。以下就列出各種開門格局的辦公室配置平面簡圖，供大家參考。

日本式辦公室平面簡圖❶

＊開前門＊

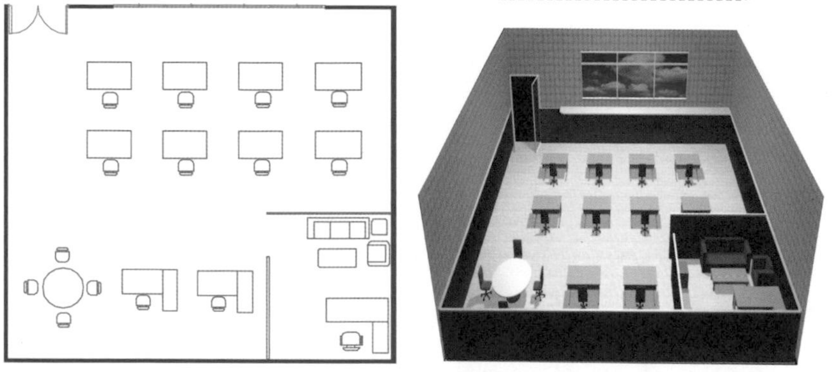

▲開龍門

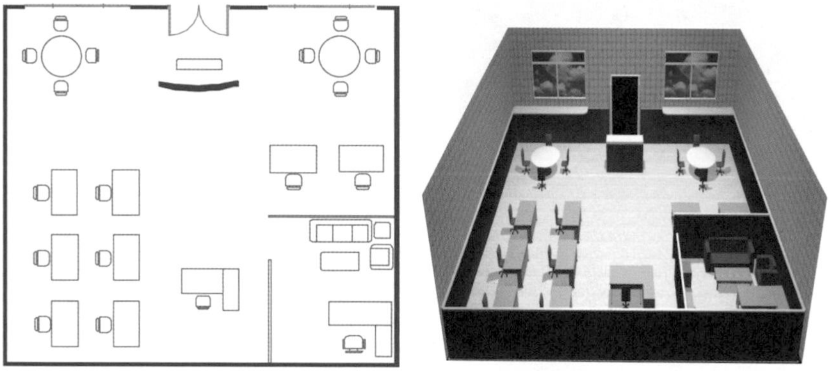

▲開中門

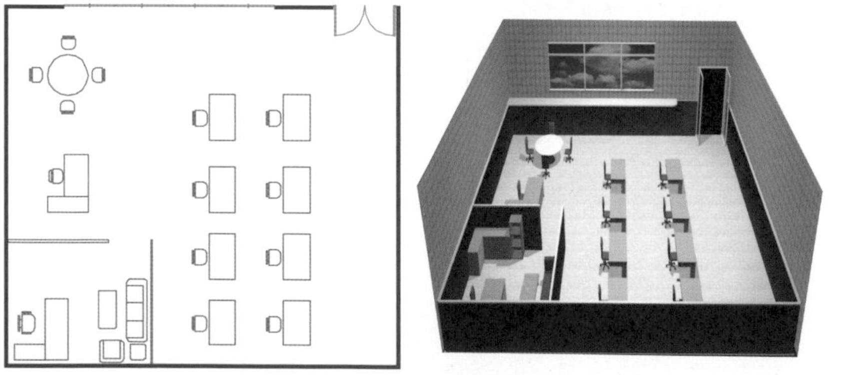

▲開虎門

日本式辦公室平面簡圖 2

＊開側門（左）＊

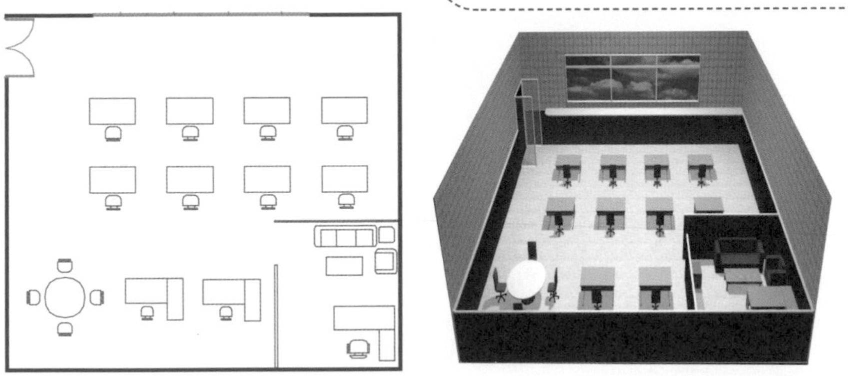

▲開龍首

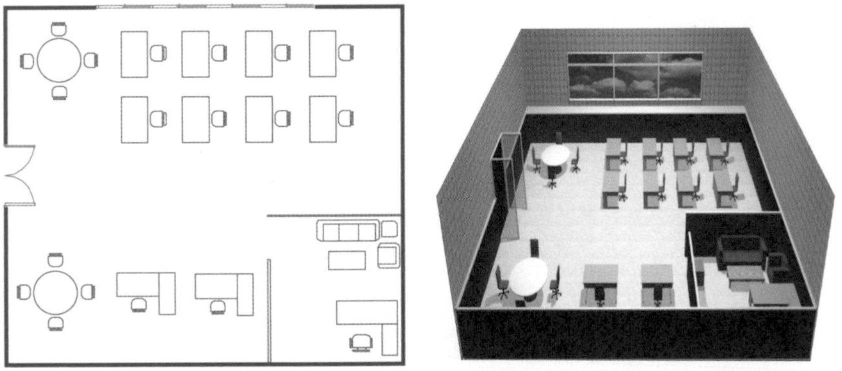

▲開龍腹

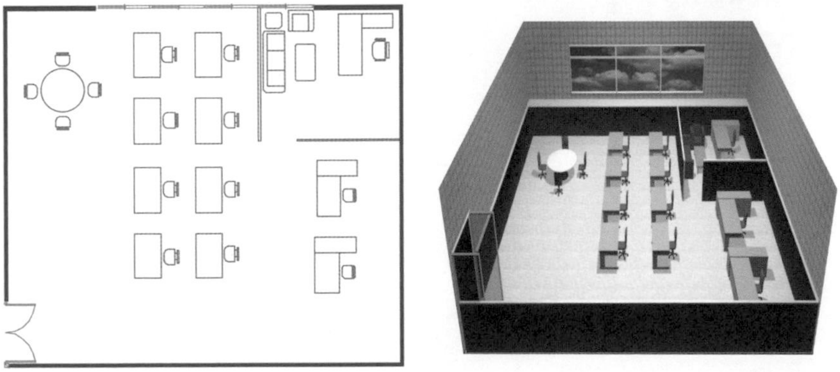

▲開龍尾

＊開側門（右）＊

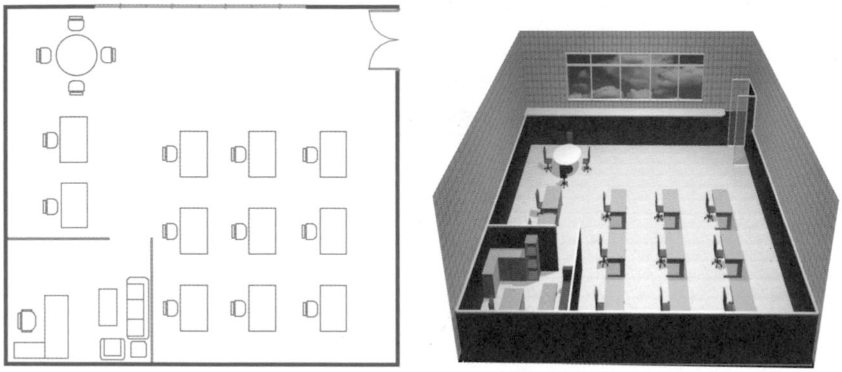

▲開虎首

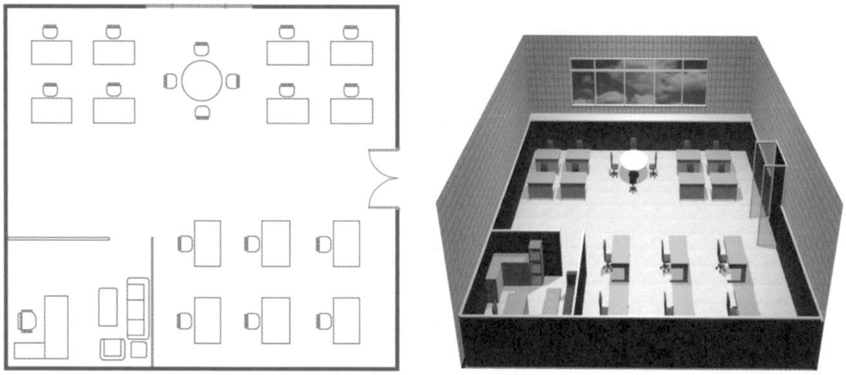

▲開虎腹

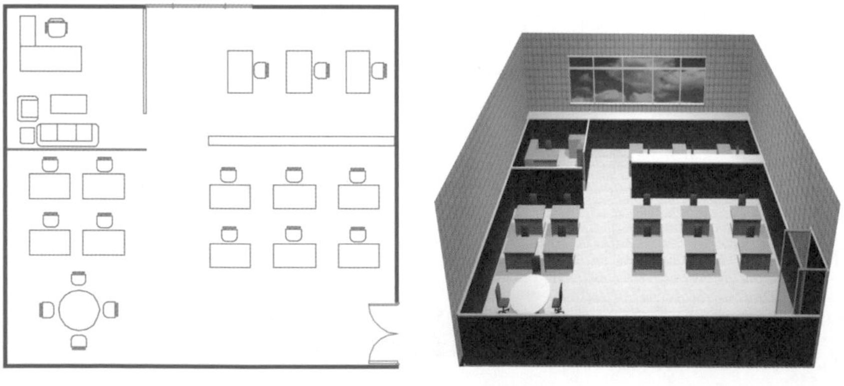

▲開虎尾

日本式辦公室平面簡圖 ❹

＊開後門＊

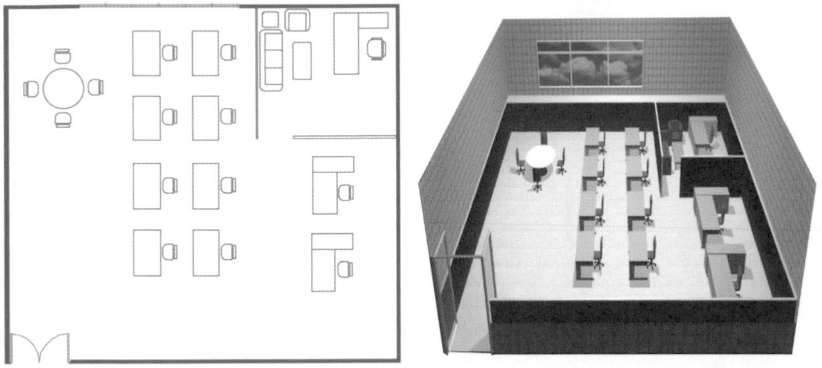

▲開龍口

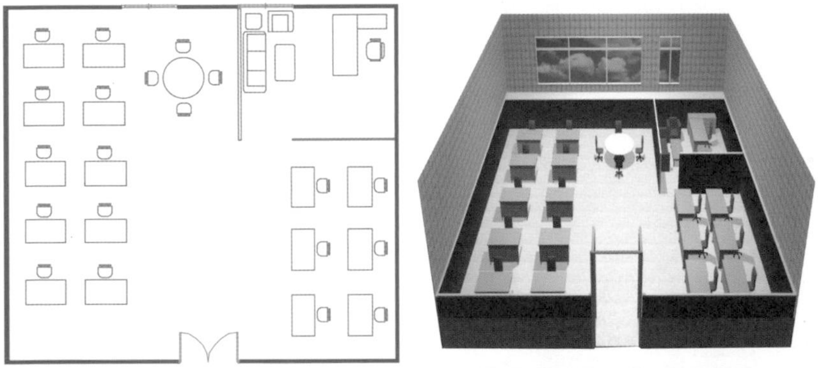

▲開中門

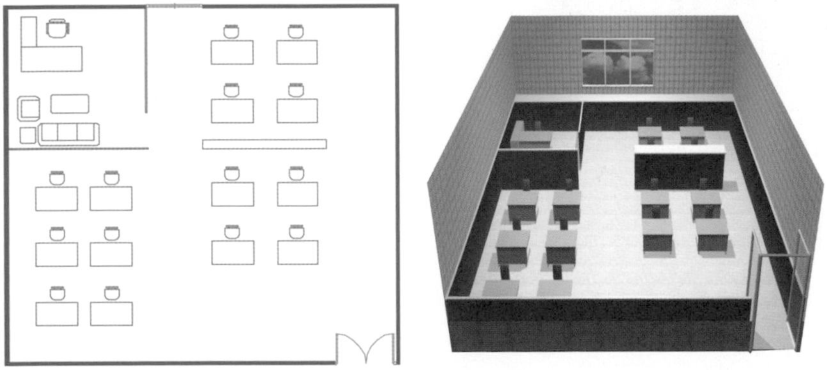

▲開虎門

一般職場的外在環境

▼馬路格局的吉凶▲

要選個理想的職場辦公室地點，首先要選擇良好的外在環境；而外在環境的評估，則要以馬路來決定優劣。關於水路，《吳教授開運陽宅》120～173頁已有詳細介紹，以下則把其中的精要內容擷取出來，從選擇職場辦公室的角度，來評估各種馬路格局。

吉相的水路格局

古代選擇辦公處所的地點，屋前都會有「彎抱水」的格局，也就是說，建築物前方要有「玉帶環腰」或「曲水橫垣」。如果四周都能被水路包圍起來，那就更難能可貴了——這種風水稱爲「四水歸垣」，也是第一等的好格局。

*要爲辦公室選擇良好的外在環境，必須先以馬路定優劣。

＊四水歸垣

「四水歸垣」，就是《吳教授開運陽宅》（168頁）曾提過的「羅垣水」，這種格局可經由人工創造。只要地基夠大，地基的四邊有外環道路、或是四面圍牆的外側留有水溝，就成了「四水歸垣」。如果能整塊地買起來自建大樓，即可自行創造出「四水歸垣」的好風水。

台灣有許多工業區和重劃區，都屬於這種格局，像是台北信義計畫區的一些辦公大樓；其他如台塑大樓等，整棟大樓的四邊都有馬路圍繞，也是「四水歸垣」的格局。「四水歸垣」的風水雖好，但也要注意開門的方位（開在青龍邊），以免破功。

＊四水歸垣：四面有馬路圍繞

＊四水歸垣：四面有水溝圍繞

*雙龍交會

龍，指的是水龍（馬路）；所謂的「雙龍交會」，也就是十字路口。（關於「雙龍交會」，可參考《吳教授開運陽宅》152頁。）

*雙龍交會：十字路口

*八卦迴瀾水

凡是在一個圓形的龜丘上自蓋工廠或辦公大樓，而且四周的水路（馬路）略呈橢圓且匝繞不止，或是龜丘周圍有許多道路輻輳，都稱爲「八卦迴瀾水」。這樣的格局代表財源滾滾，最典型的例子就是雲林北港媽祖廟。

*八卦迴瀾水：周圍有許多道路輻輳

＊纏水抱頭

「纏水抱頭」（纏頭水）這種格局也非常好，屋前與屋子的左右各有一條馬路，這三條馬路交會呈冂字形。例如位於台北市市中心的前國民黨中央黨部，前面是中山南路，左右各為仁愛路與信義路，以東門為案山，這就是典型的纏頭水。

＊曲水橫垣、玉帶環腰水

第四佳的就是「曲水橫垣」或「玉帶環腰水」，這兩種水路也能聚財、聚人氣。

曲水橫垣指馬路在屋宇兩側形成環抱。玉帶環腰水則是指馬路在屋宇前方彎抱橫過，如同腰帶一般。

＊曲水橫垣

＊玉帶環腰水

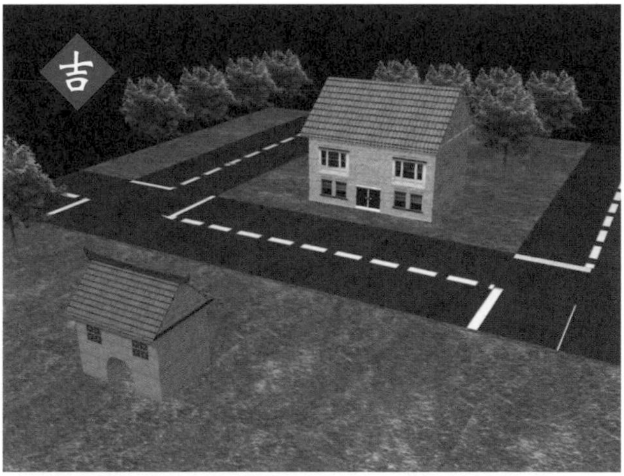

＊纏水抱頭：屋前與左右各有馬路交會成冂字形

凶相的水路格局

＊前有路沖

很多風水師說：「破路沖的有三把刀：做餐飲業的菜刀、做裁縫業的剪刀和做美髮理容業的剃刀。」這種言論似是而非，實爲江湖術士的一派胡言。其實，在路沖做什麼行業都可以！

如果是這樣，那爲何還要忌諱路沖呢？這是因爲路沖的氣很強、來往的人很多，在這裡做生意會很興隆，但對身體的傷害也很大。由於生意太好，有時會體力不支，也容易罹患中風之類等猝發的疾病，所以在路沖的地方做生意，會財多體弱。

此外，在路沖做生意也會招致很多是非，不管是打鬥、車禍或官司都特別多。雖然在此做生意很賺錢，但由於官司多、政府單位也喜歡找麻煩，即使賺到了錢，也會做得很煩燥，所以能避開路沖的話，最好儘量避開。

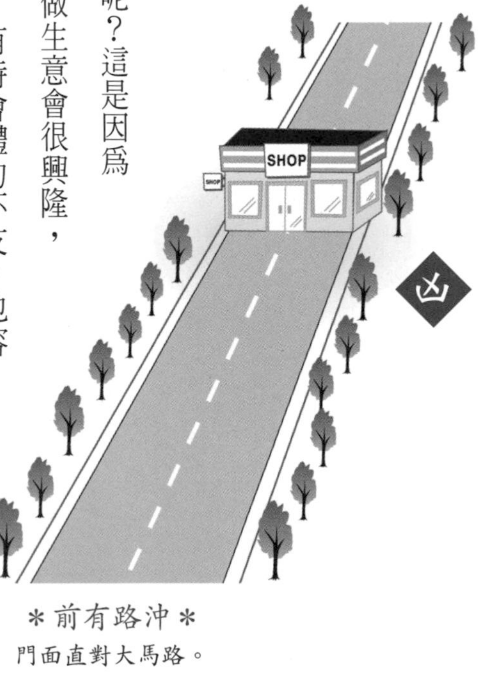

＊前有路沖＊
門面直對大馬路。

＊前為反弓

其實，店面位於反弓的位置，生意並不會差到哪裡去，只不過會入不敷出，賺的錢不夠花。而且，反弓的風水也會留不住員工，老闆自己也不常顧店，無論是老闆或員工，心思都在外邊而不在店裡，自然不會聚財，所以額外開銷特別多。

以上是從水路的特徵而論，馬路代表水，水就是財運。反弓水會散氣而不會聚氣，所以無論是挑選商場或辦公室，最好不要選反弓這一側。

▼外部景觀的禁忌▲

照壁

位於高樓櫛比的都市，最忌諱對街有一棟比我們還高的大樓，這種風水稱爲「照壁」。屋前有「照壁」，會使人沒有前途、或是讓待在這間房子裡的人有壓迫感。如果辦公室前方有「照壁」，員工會變得消極、保守又懦弱；對外的業務員則會人際關係越來越差。

如果碰到前方的大樓比我們高，唯有一種情形

＊前爲反弓＊
房屋兩邊道路反弓出去。

＊照壁＊
對街大樓比我方高。

可以求得生存——只要我方的地基比對方高出一點，就沒問題了！例如，對面是四十層樓、而我們只有四層樓，但我們的地基高過對方五十公分，這樣就能化解照壁了。或者，對面的地基高出馬路約兩個階梯（約三十公分），我們的地基則比馬路高出三個階梯的高度（約四十五公分）也可以。原則上，只要我方比對面大樓的地基高出十公分以上，就沒關係。

不過，地基比別人高固然很好，但也不能高出馬路太多，否則會賺不到錢（關於地基，請參考《吳教授開運陽宅》222～246頁）。

暗堂煞

辦公室或商場的選擇標準，與住家有所不同，並不適合選在林蔭大道或公園綠地的旁邊；這樣的環境只適合規劃爲住宅區，因爲週邊很安靜，適合小孩求學讀書，但若是蓋辦公大樓可就糟了！像是仁愛路、敦化南路，以及過去的愛國西路，這些馬路的行道樹都很粗大，茂盛枝葉擋住了屋內視線，因而形成「暗堂煞」。

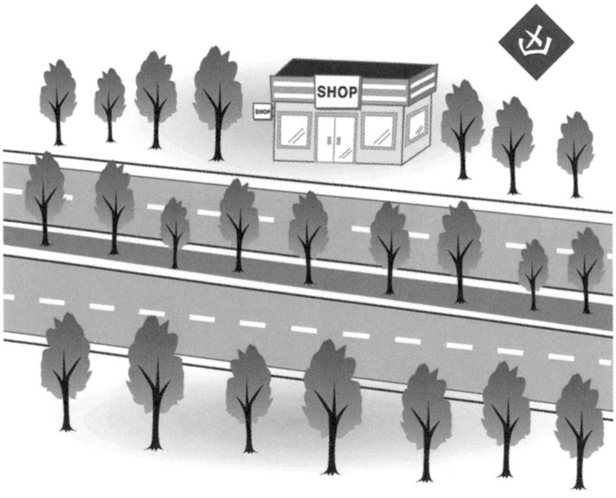

＊暗堂煞＊
前有茂密樹木擋住視線。

明堂昏暗，前途就黯淡，若是將辦公室或商場設在這種地方，公司就會沒有業績；如果是公家單位，公務員就會變得保守，擬定政策者也只知閉門造車，和民眾的關係會越來越疏離。

急流水

在快速道路的兩旁，一般也很忌諱設立辦公室或商場。快速道路，也就是所謂的「急流水」；由於快速道路都蓋得十分筆直，而很直的道路被稱爲「直水無情」，亦即這水會往前直直流去、停都不停。就傳統的風水觀念而言，水代表財，財如果直直從眼前流去，就一滴點兒都不會流往你家。

再者，快速道路通常都沒有紅綠燈、兩邊並設有護欄，所以，快速道路的兩邊也無法匯聚人氣，也就是台語所說的不會「結市」。這種地點不適合做辦公室，無論是公家機關或私人公司行號，都會因爲車子無法停在屋前，而有出入不便的困擾。

＊急流水＊

位於快速道路或高架橋兩旁。

此外，高架橋的兩邊，最好也不要設置辦公室，因為高架橋上的車子川流不息，但每輛車都無法停在你家門口，也等於是一種急流水。此外，高架橋還會擋住你的視野，所以又兼具「橫阻煞」與「暗堂煞」的壞處；而橫過眼前的高架橋也會擋住你的氣，讓業務開展不了。

設在高架橋附近的商家，營業狀況通常都不穩定，如果生意好，也好不過一年，大都是第一年感覺好像不錯，第二年開始就會逐漸衰敗，這是因為高架橋附近的氣太強所致。風水講究「藏風聚氣」，高架橋附近的氣不但強，而且過急、太散，因此並不理想。

小巷道

如果是做外銷生意的公司行號，則忌諱在巷裡設辦公室。舶來品名店之類的小商家，因客源多來自附近商圈，可以在巷道裡做生意；但你若是要做跨國交易，公司請務必設在大馬路旁邊，而且最好是在兩條大馬路交會的路口，產品才能行銷海內外。

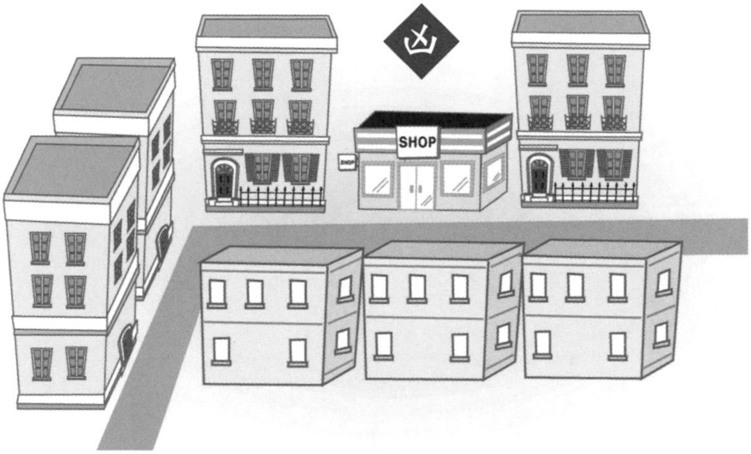

＊小巷道＊
不適合做外銷生意。

除了以上所提到的各種格局，選擇辦公室的地點也要避開如空亡煞、屋角、壁刀煞、懸針煞等（關於這些外在風水的鑑定與評估，請參考第十二章〈制煞與吉祥物〉「諸煞制解」）。

▼最理想的地點：渡口▲

渡口最能匯聚人氣

從以上原則，我們可以推論出：職場最適合選在「渡口」來設置。

古代城鎮多依附河流來發展，河流的碼頭就稱為渡口。但是，現代都市哪裡會有渡口呢？其實，火車站就是渡口、公車站也是渡口，凡是路旁有地方能讓人上下車之處，就能視為渡口。渡口的地方最能匯聚人氣，與古時候連結兩岸的碼頭類似。

風水小常識

現代的渡口

現代的渡口有好幾種：

＊車站。

＊橋頭。

＊地下道與天橋的出入口。

位於地下道和天橋階梯出入口附近的商家，生意都會特別好。你看中山北路、南京西路一帶不就應驗了這個道理？那裡剛好有捷運中山站地下道的出口，因此附近的商店與夜市都很繁華。

另外要注意的是，被天橋擋到的地方就屬於暗堂煞與橫阻煞，所以選擇地點時不可不慎，差幾步路，風水就有天壤之別。

現代渡口的特徵

＊多條要道交會之處

能形成渡口之處，表示此地有很多條大馬路交會，屬於「環帶交會」，而非單純的交會，也就是有好幾條交通幹道，錯綜複雜地相交在一起。

例如台北市的公館，就是許多交通路線的轉運點。公館有基隆路、羅斯福路、新生南路這三條「大水」交會，所以聚集很多公司行號，每家再由此分散出各間分店。

＊通往衛星都市之處

此外，公館也是好幾條橋的「渡口」。公館附近有永福橋、中正橋、福和橋通往中、永和；若以大環境來看，景美橋也可納入公館商圈的對外聯橋——從新店出發，經景美橋

＊渡口＊

幹道交會之處，易形成熱鬧商圈。

再走三公里就是公館。

台北車站附近就更是不用說了，這裡匯集的大馬路與對外橋樑更多！台北東區也是個渡口，最繁華的地段是在復興、敦化與忠孝、仁愛（或可延伸至信義路）這個「垣」裡；這四條路加起來就形成「四水歸垣」，垣內則是東區的精華地段。

越多幹道交會之處，就像古代大河流匯合的地方，就越能形成人潮聚集的商圈，此理舉世皆然，這就是現代風水觀。所以，爲何一個重劃區才開出幾條大馬路，沒過幾年，那裡就會形成你認不得的都會大商圈？尤其是台中、台南，高雄左營附近，還有嘉義的北港路和世賢路、博愛路那一帶，都是如此，這些隨馬路發展起來的商圈，也都構成「四水歸垣」的格局。

公家機關的外在環境

以上所提的幾種好風水，都能招來人氣與旺財，但這樣的格局用在政府機關的辦公室，卻顯得有些浪費。公家單位最需要的是威嚴，所以選擇外在環境時，必須注意的要點也有所不同。

前方要有大廣場

一般的商家行號要招人氣，越熱鬧越好；而公家單位的辦公室風水則要求莊嚴，環境越安靜越好。所以，辦公室前方最好有個大廣場，以襯托出政府機關的宏偉，而且要越大越好，這個機關才會顯得具有行政權威（官威）。如果，官方的行政機關都是如此設計，全國上下就能官肅民順（當官的有威嚴，老百姓則順從聽話）、君臣一體。

所以，過去一些行政中心，或是鄉鎮公所、縣市政府、省政府的前方，通常都設有一個很大的廣場、綠地或操場，才顯得氣派威嚴。義大利羅馬的很多機關或教堂前，都有一個大廣場（Square）；中國古代的皇宮，殿前也會有一個「教場」，如天安門廣場。而我們的總統府前方就是所謂的教場，可以容納二十萬人，以往不僅是舉行國慶閱兵典禮的理想場地，平常也具有提升總統府威嚴的作用，像是這樣的空間，就不應該被破壞。

最好蓋天心池聚氣

廣場裡唯一的建設，就是要蓋一個天心池。天心池會使人「十方食秀」，也就是聲威遠播、生生不息，這套道理若是應用於公家機關，就是指機關裡的行政人員會頭腦清楚，有智慧的人也會進來任職，所謂「賢者進，佞者出」，這樣就能舉國賢明。

像是美國華盛頓特區的白宮、法國巴黎的凡爾賽宮、英國倫敦的白金漢宮、台北的總統府，都是世界性的首都機關，前方的大廣場裡也都有個水潭❶；這些水潭都能藏風聚氣、並進而創造生氣。

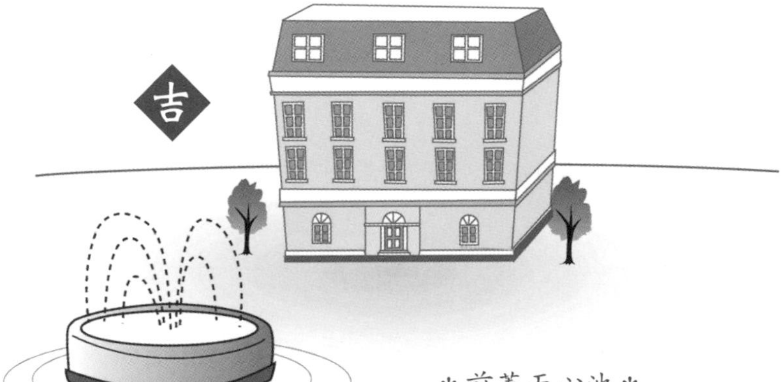

＊前蓋天心池＊
能使公家機關「賢者進，佞者出」。

小註解
❶台北總統府前方大廣場的水潭是位於介壽公園內。

建築外觀

▼公家機關▲

公家機關辦公廳的建築外觀要儘量保持方正，因爲建築方正，坐在裡面的公務人員才會行事方正。公家機關最忌諱建築歪斜，這樣公務員也會心術不正，整天忙著勾心鬥角、貪污腐化。

屋形外圓內方：步步高升

公家的辦公大樓，建築可設計成「外圓內方」。這種建築有個口訣：「屋造太陽星，官職滿朝廷。」也就是說，在這棟建築物裡辦公的人都會步步高升。

這種例子在大陸很多，台灣也有，像是嘉義縣政府一些單位的辦公室就是如此，其他像是高雄市政府、金門縣警察局與消防局等，也屬於這樣的格局。有些大樓蓋成外圓內方、有的則是外方內圓，這兩種屋形都很好。

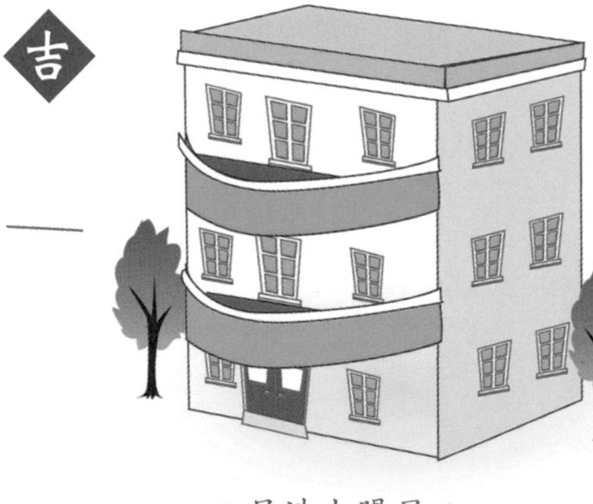

＊屋造太陽星＊

在此辦公之人都會步步高升。

屋形前方後圓：厚植民生

如果建築物的外牆，前面方整、後半則呈現圓弧狀，就稱爲「聚寶盆」。公家的行政大樓蓋成「聚寶盆」格局，將可厚植民生。

門窗要夠大、夠氣派

公家機關辦公廳的建築外觀要亮麗、大方；如果門窗太小，就會出些貪官污吏、或是讓官員的氣量變得狹小、閉門造車。門開得夠大，辦公廳裡的氣魄才會大，官員就能勇於任事、敢承擔責任。

屋頂要前後分，不要左右分

屋頂要儘量前後分、不要左右分。前後分的屋頂，待在裡面的人才會正氣凜然；左右分的話，就稱爲「雙分水」。行政大樓的屋頂若是蓋成「雙分水」，裡面的官員就會變成台語所說的：「三年官，兩年滿」——原本是三年的官期，官員卻想著兩年就期滿升遷，於是爲了投機取巧而勾心鬥角，發生營私舞弊之情事。大家來到這裡走馬上任，卻不想久駐於此，也就無心於任內應做之事；因爲只想升遷，所以心思全用在鑽營之上。因此，公家機關若蓋成「雙分水」屋頂，大小官員就會營私奔走、自私自利，而且派系分立。

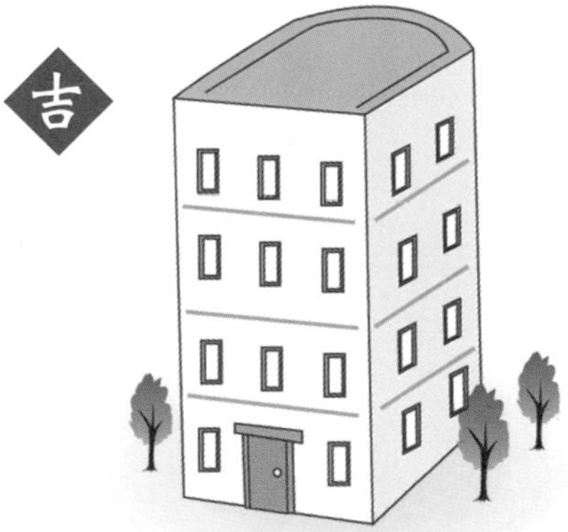

＊聚寶盆＊
外牆前方平整、後半呈橢圓形。

＊門窗大而氣派＊
官員才會有氣魄與擔當。

▼辦公室與商場▲

＊屋頂要前後分，官員才不會營私舞弊。

地基方正或前窄後寬可聚財

商場建築的地基，應以儘量方正爲宜。地基若是不方正，至少也要前窄後寬，這樣才能聚財。

建築不宜出現缺角或斜角

建築的前、後方最忌諱出現缺角或斜角，這樣做生意都不會存錢。缺角如出現在前面，這棟建築內的公司或人員就會頻生是非、風波不斷；缺角若出現在屋後，則會因爲員工搞鬼或不忠，而存不住錢。

一般行號更忌屋頂雙分水

一般公司行號所座落大樓的屋形，要比公家機關更忌諱有「雙分水」的屋頂。

如果公司所在的大樓是「分水屋」，你等於就是在栽培員工當老闆。位於這種房子的公司，員工一定會偷錢或帶走客戶而自行創業，最後變成你的競爭敵手。此外，你也會請不到好員工，大家都進來沒多久就會辭職走人。

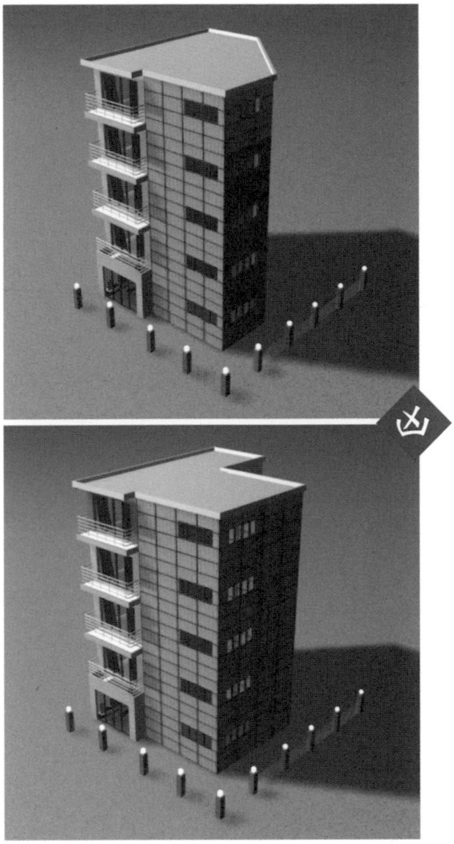

＊建築後方出現缺角或斜角，會頻生是非風波。

風水小故事

「缺角」火鍋店

以前，某位知名藝人開了一家連鎖火鍋店，那間餐廳的屋後就是缺了角，但他又捨不得花大錢打掉，後來被員工 A 走兩百多萬。當初我幫這位藝人看風水時，就跟他說：「這個地點很好，會很賺錢。」因為那間火鍋店正好位於雙合水的位置。「不過，就是屋後缺了一角！」我勸這位藝人把後面切掉一半，他卻捨不得，因為房子是人家蓋好的，要怎麼切呢？勢必得花大筆銀子敲掉。後來，店面開張了，生意也不壞，但店裡有個員工因為爸爸做生意失敗，就每次揹一點錢，總共 A 了店內兩百多萬來幫爸爸還債，最後才因為紙包不住火而逃往南部，這間火鍋店也因為發生這樣的事，而關門歇業。

大門出入口

▼公家機關▲

開中門樹立官威

如果是官署（公家機關），應儘量開中門。開中門一來有威嚴，這樣公家單位才有官威；再者，公家單位若是開中門，人就會進進出出、來來去去，而官署本來就希望民眾常來，但來辦事也不要坐太久，最好一辦好就趕快離去，這樣才有行政效率。所以，公家機關最好開中門。

三合門有利進出

開中門時，最好開成「三合門」。所謂的「三合門」，也就是除了中央的大門，另外在左右兩面牆各開一個側門（便門），這樣才會有進有出，來辦事的民眾可以從正門進入、再從側門出去，形成順暢的動線。

風水小常識

耳門要對稱，兒女才聰明

兩邊的側門對稱並不能叫做「穿堂」，「穿堂」是指前後門形成的軸線貫穿大廳，兩邊開的門則稱為「耳門」；耳門要對稱，裡面的人才會耳聰目明。這樣的道理也適用於一般住家，住宅兩邊的耳門若是開口對稱，這一家的兒女就會很聰明。

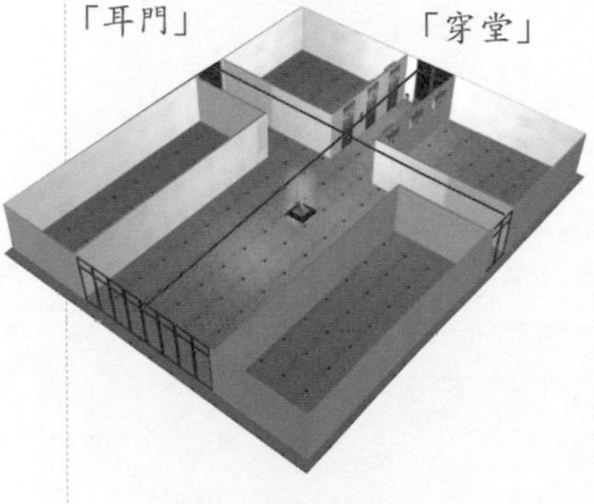

＊前後門軸線貫穿大廳爲「穿堂」；兩邊側門對稱爲「耳門」。

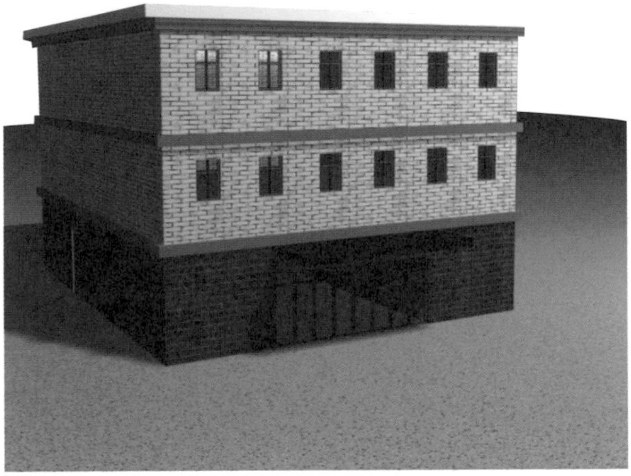

＊開中門可樹立官威。

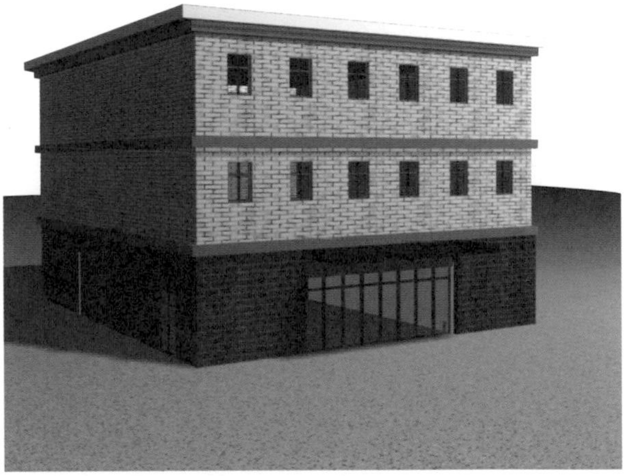

＊三合門能形成順暢的動線。

出入口要維持三個以內

在同一面牆開鑿兩個以上的門，是最忌諱之事。以前只有宮殿才會開九道門，但同一面牆開很多門其實並不妥。

你看，古時候的皇帝一聲令下，各大臣便分別去辦事，但以前的皇朝卻常有「政出多門」的狀況，奸臣也在號令、太后也在號令、在野的人也在號令……。辦公大樓的出口如果開太多，就形成「政出多門」的局面，大家都在發號施令，最後將會出亂子。政府一定要號令如一，怎可「政出多門」？所以，公家單位的正門只能有一個，側門與後門則可以各設一個，將出入口維持在三個以內，而且開在兩邊的門最好要對稱。

▼一般職場▲

出入口最多為兩個

一般職場的辦公大樓或辦公室，只要開兩個出入口即可；除了大門之外，頂多在一旁開個側門、或在後方設一道後門，達到有進有出的目的即可。

為何只要開一、兩個出入口就好呢？因為門就代表「意見」，一家公司只要一個人當老闆就好，下面的人意見不要太多；如果每個人都當老闆，公司遲早會垮掉。

正門儘量開在房屋左邊

正門要儘量開在屋子的左邊（龍邊）。我們在《吳教授開運陽宅》（請參考329頁）即曾提到「青龍開口，金銀萬斗」。

至於後門的方位，則只要不穿、不沖就行了——也就是說，後門的位置只要不形成「穿堂煞」、或是沖煞到對面建築的門、柱子和馬路即可。倘若「門開穿堂」，整間公司或辦公室的人都會身體變差、經常開刀，而且所有的人也都存不了錢。

天花板高度

▼公家機關▲

官衙樓高宜超過一丈

如果是官衙（公家單位），天花板的高度一定要夠高，這樣的空間才顯得有尊嚴；如果公家單位的天花板太低，在裡面辦事的公務人員就會覺得自卑。因此，公家機關的樓高，建議不妨超過一丈。

▼辦公室與商場▲

辦公室樓高最好為九尺至一丈

一般公司行號的辦公室，天花板的高度要適中，絕不能太低；天花板太低，員工就會變得沒志氣，老闆則會懦弱無能。

然而，辦公室的天花板也不可太高，天花板若挑得太高，就會讓裡面的人變得妄自尊大。但做生意的人怎能自自大呢？所以，樓層或天花板高度必須適中，一般來說，平均高度在九尺至一丈之間最爲適合。

商場樓高須控制在一丈之內

至於一般商場，不管建築物原有的天花板多高，室內裝潢所隔出的天花板，下方空間的高度都要控制在一丈以內。現在有很多大型購物中心或百貨公司的天花板都挑得非常高，一般民眾進到這樣的購物空間，通常都只是看一看而不敢出手購物，只有那些很有錢或很自傲的人才敢大肆購買。

所以，大眾化的商場或一般公司行號的辦公室，員工與老板若想要生意鼎盛，就得保持不卑不亢的心態，天花板不要設置得太低、也不要過高；通常樓高約三公尺即可，儘量勿超過一丈。

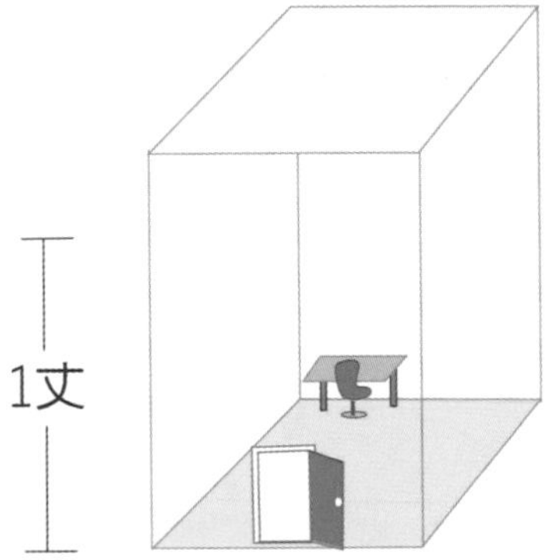

公家機關：宜超過一丈

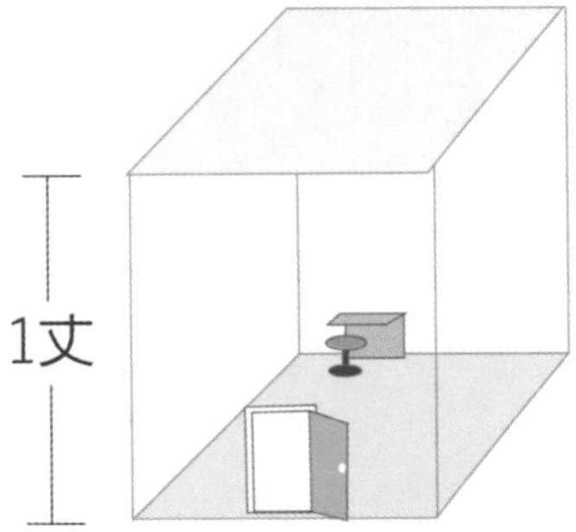

辦公室：九尺至一丈

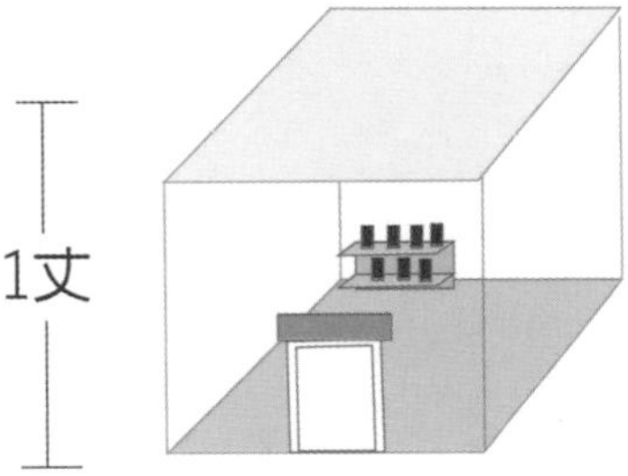

商場：一丈之內

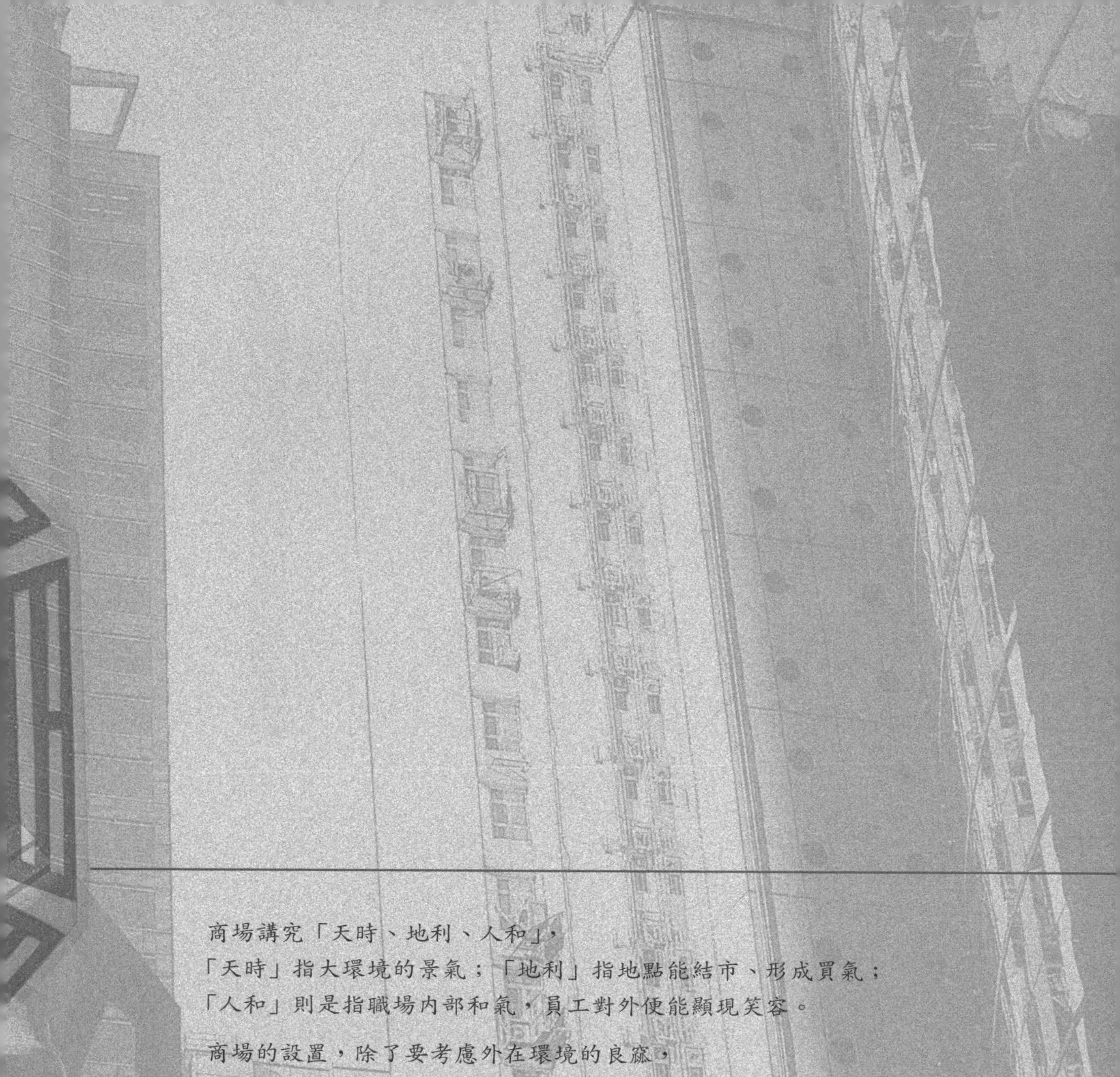

商場講究「天時、地利、人和」，
「天時」指大環境的景氣；「地利」指地點能結市、形成買氣；
「人和」則是指職場內部和氣，員工對外便能顯現笑容。

商場的設置，除了要考慮外在環境的良窳，
室內的動線設計與空間佈局也十分重要。
例如，商場要設在低樓層、櫃台要設於門口，以吸引消費；
賣場動線要保持順暢、內部陳設要一覽無遺，以方便選購；
開中門會人來人往不留財，開太多門則無法聚財；
若想招財要以馬路爲財位，選擇彎抱、交會的好格局；
大門要開在青龍邊，更須謹記「家和萬事興」、「和氣可生財」的明訓。

本章將提列商場動線的規劃策略和招財的終極法則，
說明如何爲商場帶來充沛人潮與買氣，以使生意興隆、財源廣進。

【第三章】

商場風水

動線規劃

商場地點的選擇方式，和我們在《吳教授開運陽宅》中所談的道理相同，首先要考慮屋子外在的環境，包括週遭的馬路、這塊土地的陰煞和地基，以及該棟建築的外型，接著則要考慮屋內的動線與格局。

賣場、餐廳宜選低樓層

開設商場的地點最好在低樓層，因爲凡是對外營業的地方，設在高樓層就會比較沒有客人。例如，一間開在十幾、二十樓的餐廳，客人連搭電梯上去也會嫌麻煩，所以各大飯店通常都很少把餐廳設於頂樓，在頂樓的多半是消費金額很高的 Club，而這種 Club 並不是要賺錢的，而是爲了展現飯店特色、「顧面子」用的。高樓層餐廳和賣場的生意都很難做得起來，所以賣場和餐廳要儘量選在一樓，最好是走在大馬路上就能看到的顯眼之處。

＊賣場和餐廳設於低樓層，客人比較會上門光顧。

大門要採用青龍開口

至於大門，則要儘量開在左青龍的位置。商場最好是青龍開口，不但要從屋前進來，而且大門一定要設置在面對馬路那一邊。

另外，大門的尺寸也不要太小，就根據你的商場空間大小來決定。不管商場的高度有多高，門口都要儘量開在龍邊。

一進門就要看到櫃台

進門以後，一定要先讓客人看到櫃台，以便帶位或結帳。爲什麼要這樣安排呢？不管是餐廳或賣場，一進來就讓顧客看到服務人員，這樣他們才會安心地消費。

如果你進入一個商場很久，卻沒有看到半個人，逛一逛你就會出去了。像是我看過一些書局或賣成衣的服飾店，都把櫃台設置在店內最後方，想要購物的人，一踏入這樣的空間，發現沒

＊商場大門要開在青龍邊，
而且面對馬路。

＊一進門就看到櫃台，
顧客才會安心消費。

有人就會立刻走掉。從另一方面來說，如果你在馬路上走著，瞄到這家的老闆笑容可掬，你應該就會想著，不管要買與否，先進去逛逛再說。有人逛才有人氣；人氣旺才有買氣。所以，顧客一進門就要先看到櫃台。

賣場空間要儘量一覽無遺

賣場內部的展示空間，應該儘量讓顧客（不管是生客或熟客）一進來就看到各個角落。當然，有些物品會被其他貨物稍微擋住，但還是要讓顧客進來時，看到越多商品越好。

另外，商家最忌諱的就是在店舖前方做了很大的櫥櫃來擋住門面。櫥窗之類的東西，應該要儘量做在店內兩側牆壁，不要做在商店正門口；如果要在正面做展示櫥窗，最好只做一道矮櫃，才不會遮住視線。

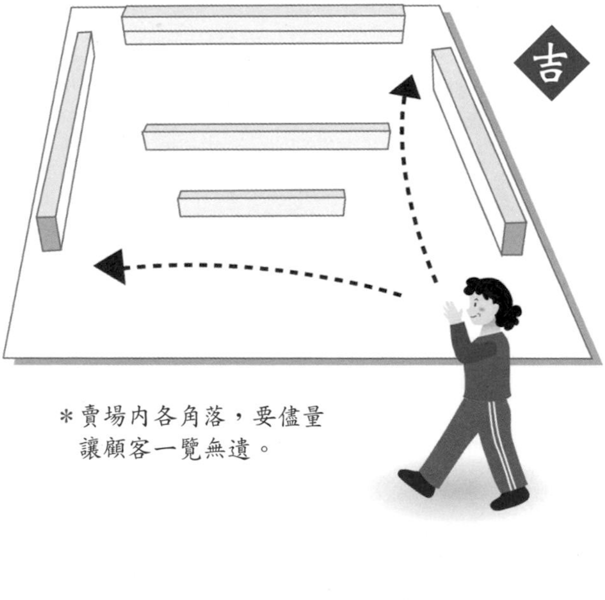

＊賣場內各角落，要儘量讓顧客一覽無遺。

內部動線要力求流暢

所謂的流暢，就是要妥善地規劃「入口」與「出口」的動線，否則客人一進去就會被塞在裡面。再者，動線不佳的空間也容易形成死角，你連店內東西被偷走了都不知道。所以，要在賣場裡規劃好一道有進有出的動線。

單一出入口可促進銷售

之前提到，要把收銀台和櫃台擺在入口處，如果只有一個門可供出入，誰進去、誰出來，我們就會很清楚。這有兩種作用：首先就是顧客出來時一定要結帳，你就知道誰付了錢、誰沒有付錢，顧客有沒有拿東西也一目了然；其次，若是用同一個門出入，顧客走進店內什麼都沒買，就會不好意思，至少也會買個小東西，這也符合行銷心理學。

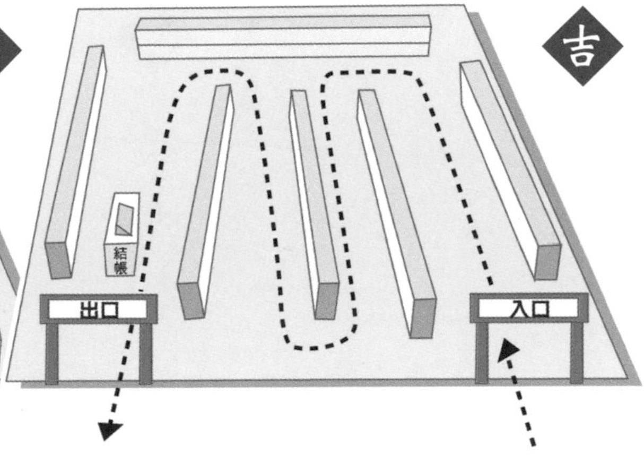

＊賣場內部要妥善規劃進出動線。

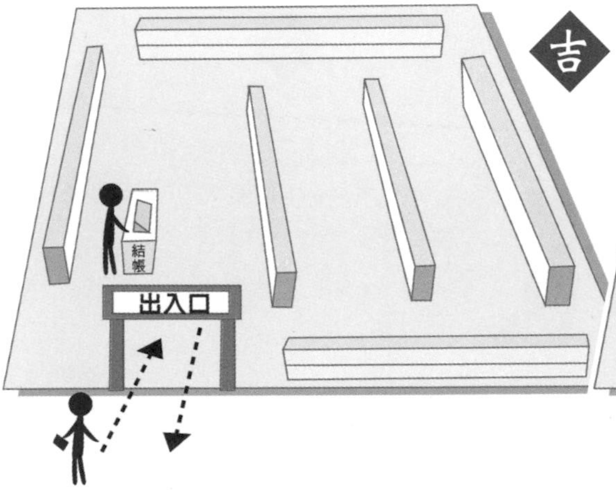

＊單一出入口，會提高顧客的購買率。

例如，像便利商店之類的店家，就是將櫃台擺在門口，顧客進去再走出來時，就算沒看到自己想買的東西，也會買個飲料、口香糖等，不會空手離開。

別擋住商場的中央空間

在賣場內，大型貨物或陳設應該儘量擺放在兩邊靠牆處，中間則是擺放低矮的櫃子或平台，讓顧客能看到彼此、也能看到更多商品。賣場內最好不要有視野死角，這點非常重要！

開中門會人來人往不留財

如果賣場空間很大，像是百貨公司或大型購物中心之類，就要依照客人的購物動線來規劃收銀台位置。由於客人很多，整個空間要開兩～三個以上的出入口才夠用。

但是，大賣場雖然門要夠多，卻很忌諱

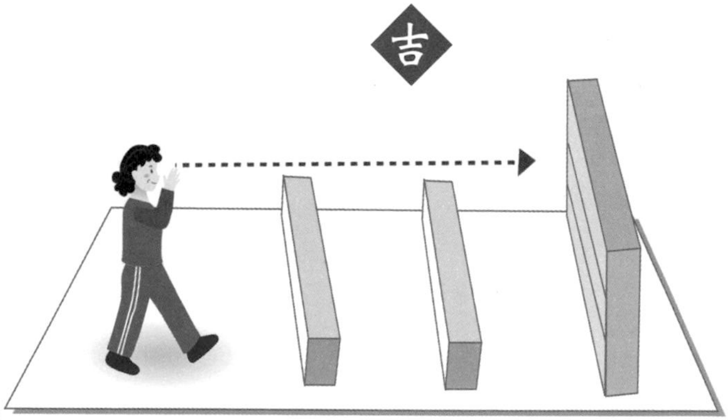

＊大型櫥櫃要靠牆放，不要擋在中央。

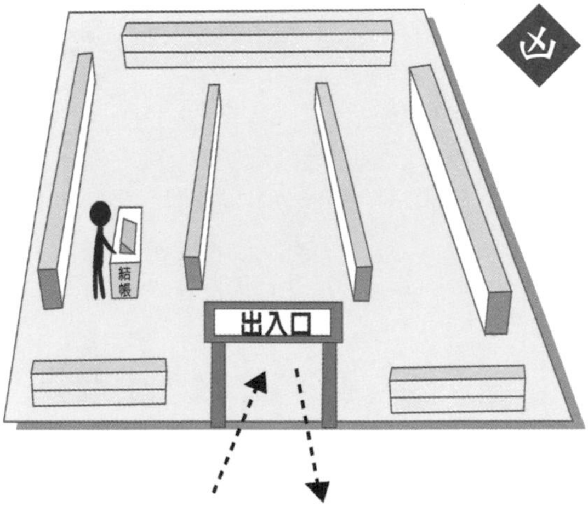

＊開中門雖能帶來人氣，卻留不住買氣。

在牆面正中央設大門。因爲，門開正中雖然人潮多，但這只是流動性的人氣，顧客上門了卻不會久留；我們開賣場做生意，就是希望人家來買，倘若顧客只是進來參觀、吹吹冷氣就走了，又何必設賣場呢！

你看，台灣很多百貨公司不都是如此嗎？很多民眾在夏天時，都會去逛百貨公司、順便吹吹免費的冷氣，而這些閒逛的人消費能力其實都是很弱的。所以，開設商場的老闆，不妨留意門口的方位，要創造人潮、也應留住買氣。

大賣場最忌諱「門穿堂」

大賣場的空間設計，更是忌諱「門穿堂」。所謂的「穿堂」，就是前門與後門呈一直線。因爲門穿堂的氣很強，客人都跑光光了，只有一些人會專程跑來買你這邊獨家銷售的東西；所以前門與後門一定要錯開，像是只開一個正門和一個側門，這樣就能避免穿堂的情形發生。

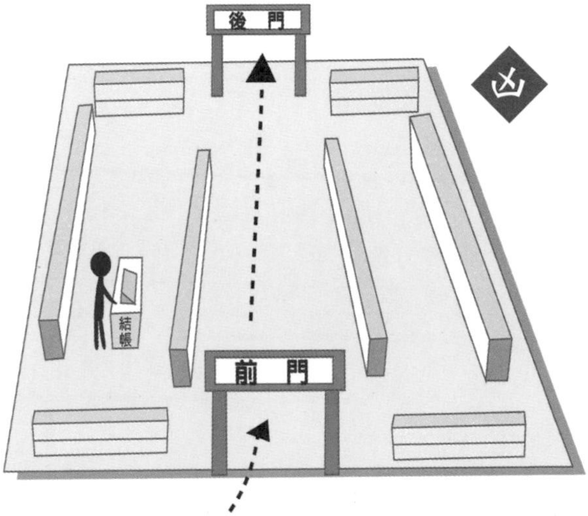

＊門穿堂氣太強，顧客會跑光光。

門開太多就不聚財

同一個空間若是開了太多的門，氣就會比較散；氣一散，就不會聚財。

最忌諱客人從後門進來

這種商店多半出現在住商混合的建築，也就是低樓層做商場、高樓層做辦公室或住宅的大樓裡，那些由一樓住戶自設的小雜貨店。由於這些店家營業的對象，可能只是針對社區內部的居民，所以經常將後門敞開，以便住戶隨時進出購物，而形成客人從後門進來的情形，這樣店老闆會沒尊嚴、東西易失竊、客人則愛藉故刁難。至於前後門的位置，則是要根據整棟大樓和馬路來判斷。

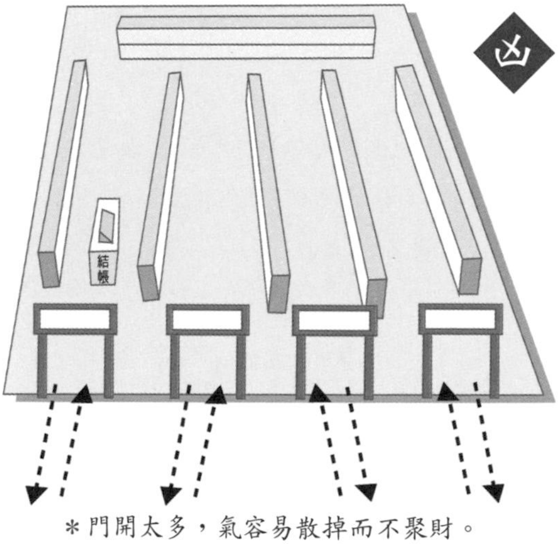

＊門開太多，氣容易散掉而不聚財。

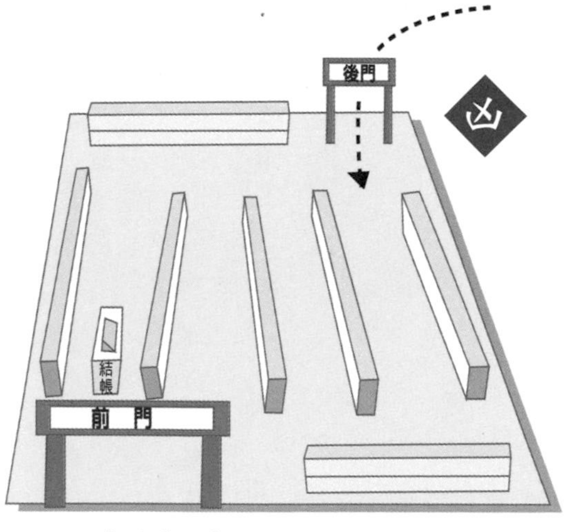

＊商場最忌客人從後門進來。

空間規劃

▼天花板的高度▲

商場的樓層要稍微挑高，天花板夠高，客人進去才會覺得有尊嚴。若是天花板太低，就會因為氣悶而造成壓迫感，在裡面的人也會覺得自卑，顧客則是一進去就想出來。而天花板夠高的空間就不同了，顧客進去之後，會有一種「消費者最大」的感覺，在裡面工作的售貨員也會備感尊嚴。

但是，商場的天花板如果太高也不妥，這樣會變成「吼天屋」。也就是說，商場的樓層要比一般住家的高一點點，但不能比公家單位的辦公大樓還高。略高的天花板會讓消費者進入這個賣場時覺得有尊嚴；消費者覺得有尊嚴，才會有購買慾。

＊商場天花板的高度設計很重要，太高或太低都不理想。

▼地板的設計▲

走道最忌高低差

商場走道的地板，不要做成高高低低的形式。有些室內設計師喜歡用不同高度的地板來區隔空間，其實以風水來看這種設計，就叫做「坎坷煞」，因為待在這種空間裡的人會命運坎坷；若是作為商場，東西也常常有賣不出去的問題。

再者，走道的平面有高低，也會形成不安全的購物空間。通常，一般人瀏覽商品時都不會注意腳下，走道有高低雖不一定會讓人跌倒，但很容易因為絆腳而失去平衡。至於地板的高低差，最危險的是十公分左右的高度，這樣的落差既不會大到讓人注意，卻能形成足夠的力量，讓人一旦絆到就必定跌倒。

這裡所說的是走道儘量不要有高低；至於展示用櫥窗若是有高低差，並不影響整體風水。

地板不宜鋪地毯

地毯容易髒，不好清理又耗費成本，通常清理地毯，要比清掃一般地板多花上一倍時間。地毯唯一的好處，就是它很能吸音，所以很適合一些需要安靜的場所使用。

招財法則

▼空間法則▲

商場的財位要看外在馬路

所謂的「財位」，是那些用易數理論鑑定陽宅風水的人才用的說詞，其實從正統風水學來看，他們的說法並沒有根據。正統風水學中所謂的財位，是要看外在的水路（馬路），馬路若有彎抱、有交會，這裡就會聚財。像是馬路交會處的「雙合水」（十字路口）就會匯聚人氣，而人氣就是財。一開始沒有聚人氣，哪裡來的財？所以，只有馬路才會聚人氣，至於其他講財位的說法，通通不要相信！

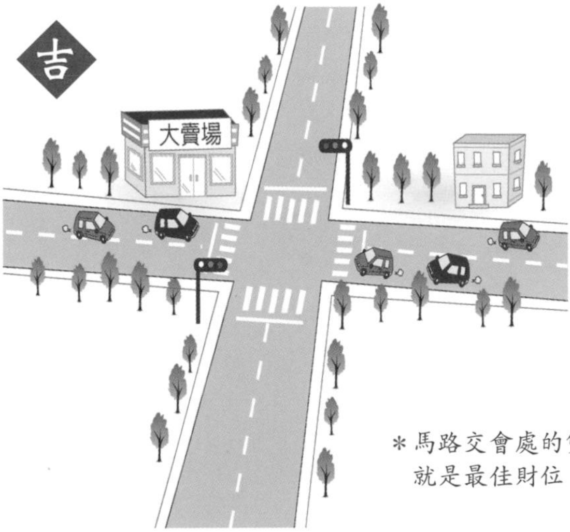

＊馬路交會處的雙合水，就是最佳財位。

大門開在青龍邊才能旺氣

大門開在青龍邊（房屋左邊）才會聚財。因爲青龍邊會旺氣、白虎邊不會聚氣。

地板高度要往內逐漸升高

地板要設計成「步步高」，千萬不要在店鋪前方把櫥窗設計得很高，後方賣場卻低下來，就會變成「前高後低，一世被欺」（參考《吳教授開運陽宅》224頁）。如果前面的地板做得很高，後面卻沒有墊起來，生意會越來越難做、一年比一年衰退。

▼終極法則▲

做生意要招財，最重要的就在於這兩句話：「家和萬事興」、「和氣可生財」。別小看這兩句老生常談，你會發現，生意成功的商人往往靠的就是人和而崛起。

家和萬事興

商場經營得好，首先就是股東們意見要相合，一旦能集聚大家的智慧與力量，就能結合彼此，把事業做好；至於獨資的老闆則要和員工合得來，這樣員工才會善待顧客。員工之間也要相處融洽，否則上門的顧客，也會感覺到氣氛不佳而走人。

和氣可生財

不管顧客進門是否要買東西，只要他們看到店員笑容可掬、感到心情舒暢，也許就會覺得買項商品來結個善緣也不錯。所以，有些店的商品雖不頂好，卻也能因為人和的關係而生意不惡。

打個比方吧，一個名校畢業的博士級醫生開了一間小診所，這名醫生因爲覺得自己很了不起，就擺出高高在上的姿態，病人問啥他都懶得回答，總是板著臉孔問診，上門的病號一定會疑惑自己究竟得了什麼疾病，以後就不敢上門了。相反地，另一位醫生總是懂得對病人噓寒問暖，就算他的醫術不怎麼高明，但因爲他的笑容，病人看到了也會減輕幾分病痛，所以他的門診總是門庭若市。

商場講究「天時、地利、人和」，「天時」是指整體大環境的景氣；「地利」則是指地點能結市、形成買氣；至於「人和」，指的是因公司內部和氣，所以員工對外能展現笑容。靠人和所賺有限，靠地利所賺爲倍數，得天時之獲利則爲乘數了。在這裡還是要提醒大家，風水是活的知識，最終還是要靠人去經營。天時大利之際，到處都有商機，如今日大陸沿海，連小癟三都有很多賺錢機會；一旦天時失去，只有佔地利之店會賺錢，所以一些旺鋪的地價仍然高漲。而要是沒有地利，就必須靠人和——服務、口味、技術——來取勝。

＊顧客看到店員笑容可掬，也會樂於消費。

景觀會影響前途與心境，
每天看到什麼樣的景觀，就會產生什麼樣的思維。
而景觀可分爲三層次：圍牆內、圍牆外，以及舉目所見最遠處。

舉目所見最遠處是指屋前能看到的最遠處風景，
視野所及要讓人感受暢快、並與大環境搭配得宜。
圍牆外是指週遭建物群的配置格局，
前方須有案山以藏風聚氣，明堂要方正不傾，
房屋本身則要和前後左右建物群協調而對稱。
圍牆內是指屋前的造景，包括圍牆設計和景觀布置，
對於財運、前途、健康與心境，都有深遠的影響力。

本章將解析三大層次景觀的各種優劣形式，
並指出需要避免的景觀設計和有利風水的庭院造景，
從小處到大局，在景觀上創造開闊視野、設計吉祥格局，以開拓光明未來。

【第四章】

職場景觀學

談到景觀，要考慮三個層次：圍牆內的、圍牆外的，以及舉目所見最遠處。

＊舉目所見最遠處：是指房子前方能看到的最遠處風景。「舉目所望」的景觀，必須要在房屋前方都沒有阻擋的情況下才能擁有，所以只有在海邊、山腰、山頂或平原空曠之地，才能有這個層次的景觀。

＊圍牆外的：意即週遭建物群的配置與格局。

＊圍牆內的：指的就是造景。

景觀會影響個人的前途與心境（心靈的境界），你每天看到什麼樣的景觀，自然就會產生什麼樣的思維。所以，「近山識鳥音，近水知魚性；近黌❶多才情，近廟常欺神。」❷

＊景觀會影響個人的心境想法與前途發展。

小註解

❶黌，音「ㄏㄨㄥˊ」，意指學校。
❷前兩句出自《昔時賢文》，後兩句則為作者自做。

第一層次：遠景

看得越遠，前途就越遠；看得越近，前途就越近。所以，住在海邊、山上或鄉下平原空曠之地，視野很開闊的人家，兒孫通常都要出外求取功名。這不只是因爲那裡的生活比較單調、沒有什麼就業機會，也是因爲你的景觀能看得很遠、眼光自然也跟著遠大。這就是所謂的「男兒立志走他鄉，事若不成誓不還。」

最佳遠景：入眸須得一團清

山家孕育是何形，不外巒頭看化生。有格有形方可取，入眸須得一團清。

——明代劉基，《堪輿漫興》

「入眸須得一團清」，是指能看得很遠的格局。住在這種有山有水的地方，也能產生意境。

靈泉就石轉，碧峰隨雲幻。

——吳彰裕

山澗碰到石頭就會改變流向；山峰隨著千變萬化的雲霧而展現各種風情。如果我們每天都能看到這種有山有水的美景，在秀麗的大自然裡，心情當然暢快。所以我們常說「地靈人傑」是有原因的，先有了「地靈」、而後才能「人傑」，景觀就具有這樣的影響力。

「入眸須得一團清」即是類似這樣的心境，光是視野好還不夠，而且看起來要讓人覺得舒暢，週遭的景色須搭配得宜。

住在海邊，要看到港灣和島嶼

全世界都一樣，住在海邊的人，前方的視野裡要有個島嶼，這種地方才會帶有靈氣、才是上等的景觀。

所以，海邊的好風水要找既有港灣、又有島嶼之處，否則眼前看出去只是一片茫然大海，空空蕩蕩的景色看了會令人不安。就像台灣西部許多縣市的淤沙海岸，舉目所及只能看到一片灰茫茫的海水，不禁讓人覺得，自己的前途也如同大海般渺茫，就風水來說，這樣的景觀會讓人失去鬥志。

＊置身於有山有水的秀麗美景，令人感覺舒暢、心胸開闊。

＊住在海邊，舉目所及要看到島嶼或港灣，才是上等景觀。

沿海地區能成爲大都會、成爲好風水的地方，就必須要有港灣與島嶼。像是台灣的高雄、基隆和蘇澳，這些天然的港澳看起來多漂亮！此外像是澎湖的馬公港，不但是良好的港灣，前方還有大昌島爲案山，使海面波浪不興、內海平靜如湖，故名「平湖」，之後再轉音成爲「澎湖」。

至於人工打造的台中港，則是個風水不及格的港口，因爲它既沒有灣、也沒有島，所以直到現在連大船都不能停靠，港務生意也很差，加上沙岸地形導致港口淤積，而此地的使用期限似乎也超過了。

山區最忌前有大山、地形陡峭

住在高山的地方，最怕前面被大山擋住、或是地形太陡。

住在地形陡峭的坡地，會讓人有恐懼感，因爲此地還沒有達到「霸王曳甲」❸的地步；而且太陡的山，表示這座山還在「走山」（台語，意指「山崩」），隨時都會有

小註解

❸「霸王曳甲」是指高山層層頓跌之後，形成平坦之處，如坪林或小坪頂之地形。高山巍峨，猶如將軍披盔甲；到了坦地，舉目四望心曠神怡，如將軍曳甲一身輕之謂。

的土石流。而前面之所以會被大山擋住，則是因爲山和山的距離太近，這樣住在山谷的人會有很嚴重的壓迫感，覺得難以逃脫，就像是陷入深淵一般。

所以住在山區，一定要能看到很遠的景色，而選擇地點的標準則要套用「靈泉就石轉，碧峰隨雲幻」，找一個景色很好，近有水流、遠有白雲繞山峰的地點。

平原地區不能一望無際

平原也是一樣，一望無際其實並不好，景色盡是連綿不斷的田園與阡陌、眼前毫無遮掩，反而會讓人覺得空空蕩蕩。前面最起碼要有一點高起的土丘，或是種一排樹、有幾棟漂亮的建築，最好還能有一潭水，在池裡引入河川或地下湧泉的自然水質。平原之地有水，這樣才可以聚氣。

＊平原一望無際並不好，最好能種樹作爲遮掩。

第二層次：圍牆外

▼案山▲

面前有案値千金，遠喜齊眉近應心。案若不來爲曠蕩，中房破敗禍相侵。

——明代劉基，《堪輿漫興》

案山能藏風聚氣

「面前有案値千金」，前面的山巒也好、河流也好，甚至是你家的圍牆，這些都屬於案山。案山的距離與高度，遠的看過去應和眉毛一般高、近的應該與胸部等齊，這樣才不會造成壓迫感。

如果前面（明堂）都沒有東西擋住，就像我們剛才講的海邊、山坳、山巔或平原，眼前一片空曠，這就稱爲「曠蕩」。「曠蕩」的地理無法藏風聚氣，這種格局會先傷家中的第三房（中房），導致第三房家破人亡或客死他鄉，出去了就不回來；但如果有案山，第三房則會先發。圍牆內的造景也屬於案山，如假山假水都是距離近的案山，所以假山不要造得太高。

▼明堂▲

格局必須方正

休嗟穴法苦難尋，指汝迷途抵萬金，端正有堂不偏側，其間便是定盤針。

「端正有堂不偏側」，意指明堂應該方正，不應有傾斜、高低不平（偏側）。「定盤針」則是指可以決定位置、也就是可以結穴的地方。

要和外環境協調

兩山相對為賓主，賓要有情主要眞。主若欹斜賓不顧，便知此地欠緣因。

——明代劉基，《堪輿漫興》

房子與房子之間的佈局，前後左右也都要「賓主相對」。而「賓主不相對」的情況包括以下幾種：

＊我們的正面去對到別人後面的牆壁。

＊我們朝東、別人向北，彼此不相對，就可能衝撞到對方屋角，形成「壁刀」。

＊後面的房子比我們的房子低很多，變成後面無靠。

＊左右兩邊的房子高很多，使得我們陷下去，而變成「天塹屋」。

＊四面的建築都很低，只有我們很高，而變成「天衝屋」。

＊我家的門開得很大、對方的門做得很小，我們就會對到人家的兩根門柱。

＊我家的門做得很高，對方的門做得很低，一打開門就看到對面的門楣，像是一出門就被一根橫樑擋住。

＊對面的房子沒有規規矩矩地蓋，出現很多角，我們一打開大門，就像是被很多尖角射過來。

＊對面裝設一盞很亮的燈照到我家來。

＊對面的玻璃帷幕會反射陽光，看起來像是好幾個太陽反射到我家來。

這些與週遭環境不相協調的情形，對家裡都會造成一定程度的傷害。因此，賓主一定要相對，也是景觀特別要考慮的重點。

＊房屋和週遭建物佈局的協調與否，也是必須考慮的景觀重點。

第三層次：圍牆內

▼住家圍牆的設計▲

我們可以用人爲的設計，讓圍牆兼顧風水意義與吉祥效果。以下這些圍牆的造型，都是中國傳統建築裡可見的形式，前五種造型更帶有吉祥的意義。

【開門見寶山】

▲把圍牆牆頭設計成元寶形狀——兩個小圓圈扶拱一個大圓圈，稱為「開門見寶山」。這種圍牆會旺財。

＊牆頭成元寶狀

【三台型】

▲牆頭也可以設計成三個山丘的形狀，稱為「三台型」，意指三個小的水星丘。蓋這種圍牆會旺文科，也就是會出秀才。

＊牆頭成方台狀

＊牆頭成圓台狀

【三台案】

▲圍牆的牆頭也可以設計成三個土星丘，二小拱一大，稱為「三台官帽案」。建這種圍牆，家裡會出官員、子女會讀書。

＊牆頭為二小拱一大之官帽

【五岳】

▲牆頭做出五個金形山，也就是五個像日本富士山的笠形突起。

＊牆頭做成五個金形山

【七星照宅】

▲這種圍牆也可以稱為「七星墜地」，就是圍牆上做有七顆星。

*牆上有七顆星

【龍蟠虎踞】

▲左右圍牆也可做成「龍蟠虎踞」的形狀，意即圍牆形狀像一條龍，慢慢從屋後逐漸往前低下。

*圍牆形似一條龍

▼工廠圍牆的設計▲

工廠圍牆最好做成「四水歸垣」，也就是四周留水溝或小巷道，並在左邊開口、或從右邊（虎邊）排水，又分爲「內歸垣」與「外歸垣」，兩者都很理想。

【內歸垣：內部財不流失】

▲內歸垣是將圍牆繞著地基蓋起來，在圍牆之內做排水溝，代表內部的財不流失，屬於節流電的經濟。

＊在圍牆內做排水溝

【外歸垣：收納四方之財】

▲外歸垣意指水路在圍牆之外，也就是把圍牆內縮，在其外做水溝，讓水流繞著基地運轉。「外歸垣」就像護城河，代表外部的財會收進來，但財也會流出去，亦即會賺錢、也能享受消費，能開源、得名聲。

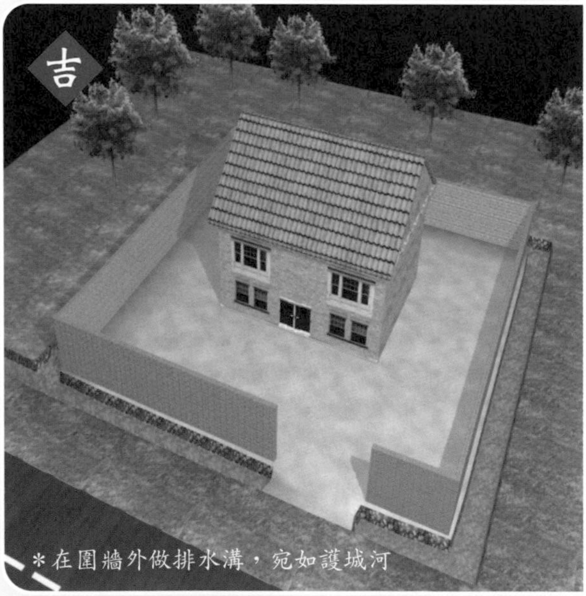

＊在圍牆外做排水溝，宛如護城河

▼規劃圍牆的禁忌▲

【做得歪斜、不對稱】

▲圍牆最忌諱的，就是做得歪斜、不對稱。不論是建築物、庭院或圍牆，只要不對稱都不好。圍牆有一邊太高或太低，或是做成尖角、斜射形式，都會影響景觀，造成視覺上的障礙，進而影響視力健康，冥冥中也會影響前途、招致是非，所以圍牆一定要設計對稱。如果不想花心思做些特殊設計，只做得平平的也無妨。

＊圍牆做尖角

＊圍牆有斜射

＊圍牆一邊過高或過低

＊圍牆上栽種植物

【圍牆上栽種植物】

▲圍牆上最好不要再栽種花草樹木，栽種植物容易擋住視線，尤其是藤蔓類植物會招來官司，我們在《吳教授開運陽宅》（214、423頁）曾提過，這就是「披蘿煞」。

至於用灌木或矮竹圍成籬笆也很好，但要注意的就是必須修剪整齊。圍牆一定要對稱、要賞心悅目，至於木竹或土磚圍造的圍牆，牆頭或牆面上就不要再垂掛或栽種植物了！

景觀的佈置

▼屋前的吉祥景觀▲

第一格：聚水

無論是自然景觀也好、庭園造景也好，第一格（最佳的風水）的景觀就是「聚水」——採得到水、可以看得到水。

採得到水，是指自然的湖光山色或人工的流水潺潺，而且務求水清魚游——水質很清澈，裡面有魚在游。能取到天然的水最好，就算是人工挖鑿的湖泊，裡面的水若能引自天然的溪流或泉水，也比引入人工的自來水要好。

所以，住在湖畔、住家前面能看到湖泊，世世代代就能吃穿不愁，而且每隔一、兩代還會出聖賢能人。所謂「地靈人傑」，就是因爲湖光山色的好風水能怡情養性之故。湖泊不論在山上或平地，都代表是地炁旺盛的「養廕龍池」，《葬經》所說的「風水之法，得水爲上，藏風次之」，即是此意。

＊家前的空地要綠草如茵，因爲草是一種生氣、又能散熱。

第二格：做天心池

第二格的好景觀，就是做天心池。我們在《吳教授開運陽宅》（130頁）曾提到：「水聚天心，十方食秀」，從事外貿行業的，尤其要在屋前做天心池，產品才能賣到全世界，成爲世界知名的品牌，這是由於「十方食秀」，全世界的人都會來跟你買。天心池能聚十方的財、收十方的名，讓你名揚十方、財聚十方④。

第三格：茵褥

「茵褥」就是很平坦的草皮，亦即那種大漠草原上的「天蒼蒼地茫茫，風吹草低見牛羊」景象。家裡前面的空地要綠草如茵，所以庭院最好多植草皮、少種大樹。如果有空地，也儘量不要全部弄成水泥地或柏油路，多留點綠帶、多植些草皮；因爲草是一種「生氣」，而且又能散熱。

平坦的草皮也能延伸視野，讓家裡

小註解

④八卦爲八個方位，再加上天與地（戊己），稱爲「十方」。這十個方位爲：甲乙丙丁戊己庚辛壬癸，戊己在中央，爲天與地；甲乙在東方，庚辛在西方，丙丁在南方，壬癸在北方。

的明堂更覺寬大。尤其是庭院不很寬敞的人家，更要用草皮來延伸視野，但很多人都不了解這個道理，反倒是種了許多棵大樹，殊不知屋前樹木種多了，擋住視線就會變成「暗堂煞」。

第四格：萬紫千紅總是春

家前面的空地多種些低矮的草花或樹籬，隨著四季開放、賞心悅目，也能改善風水。原則上，花草樹木不能種得太高，高一點的就會擋住視線；而且樹根不能有延展性，否則貫穿地板就不好了。

所謂景觀上的好風水，還是要回歸這句話：「入眸須得一團清」。凡是視線被阻擋、或是景色雜亂，都不是理想的格局。

＊家前的空地可種些多彩悅目的低矮花草，也能改善風水。

▼屋前的不佳景觀▲

以上所提的都是比較吉祥的景觀，接下來則要談談幾種常見且不佳的景觀：

最糟的景觀：逼案

*位於坡地倒退龍

何謂「逼案」？第一種狀況就是你的屋前面對山頭，也就是位於山坡地上的「倒退龍」。

*低樓層對到高樓層

這種情況又可分爲兩種。如果是兩棟建築面對面，這樣還好一點，要是我方比對方低，只代表我方的前途沒有對方好；最糟糕的狀況是，自家的前方對到其他大樓的後牆，這時對方背對著我們，代表我們有苦難言。

*圍牆太近又太高

圍牆太近又太高，就像是把自己關在屋裡坐牢，若是有這種逼案景觀，首先家裡的小孩會不善言詞、表達能力差，嚴重的甚至是啞巴（瘖啞）；其次則是孩子會得自閉症、不愛講話，或是一開口就會畏懼。再者就是孩子視力會不健康，因爲圍牆遮住視線、看得不遠，所以孩子會罹患深度近視。

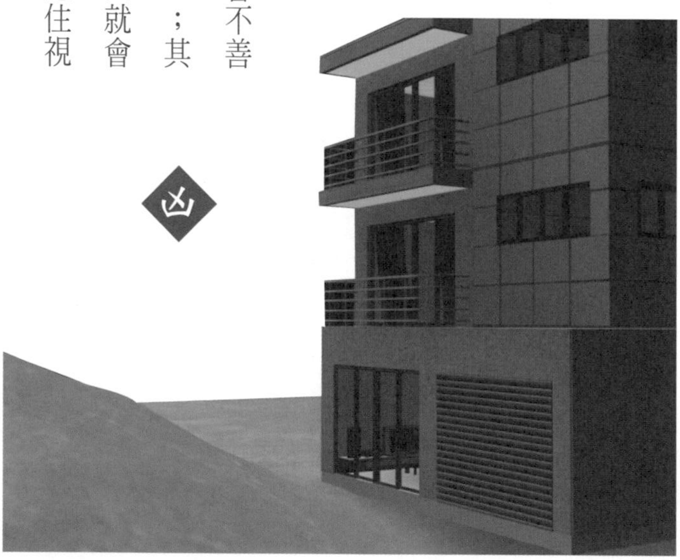

＊倒退龍：屋前面對山頭

視野太狹窄，地基不方正

房屋前面的視野不能太狹長、庭院也不能太窄，尤其最忌諱將庭院建成三角形或多角形——多角形就會多是非，導致家裡不平安。如果整個地基不方正，除了屋基要留方正，庭院的造景也要做得方正——至少，圍牆或花壇要規劃方正，前面的不規則空地可種植草皮，這樣就能化解不方正基地造成的諸多問題。

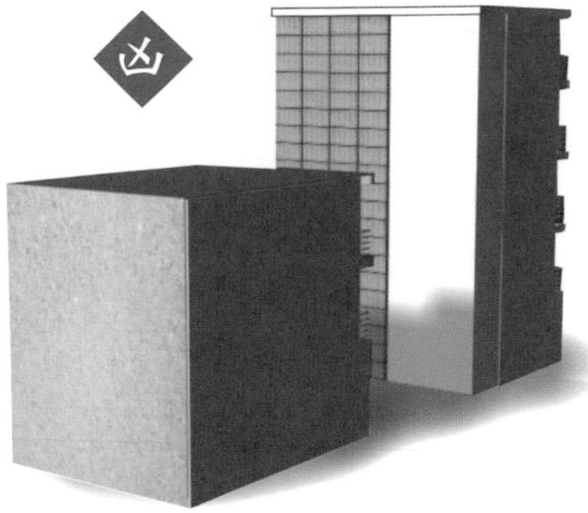

＊低樓對高樓：前方對到別棟大樓後牆

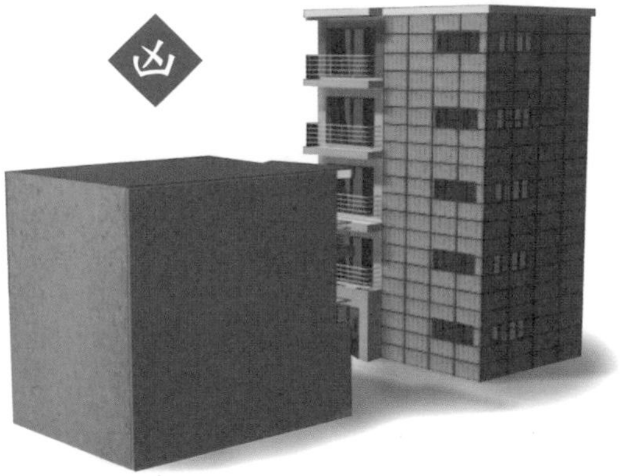

＊低樓對高樓：兩棟建築物面對面

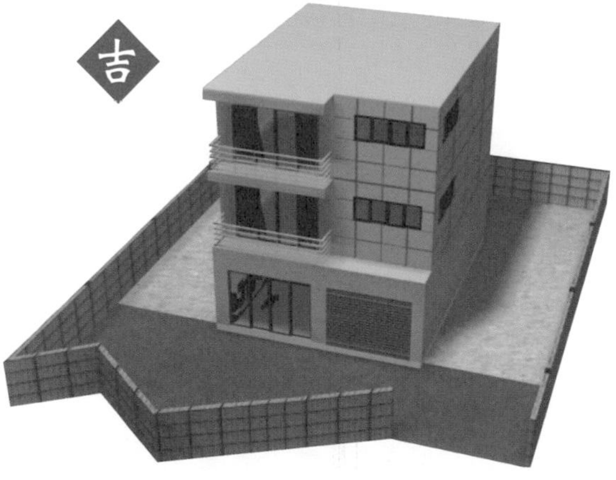

＊前方不規則空地宜種植草皮

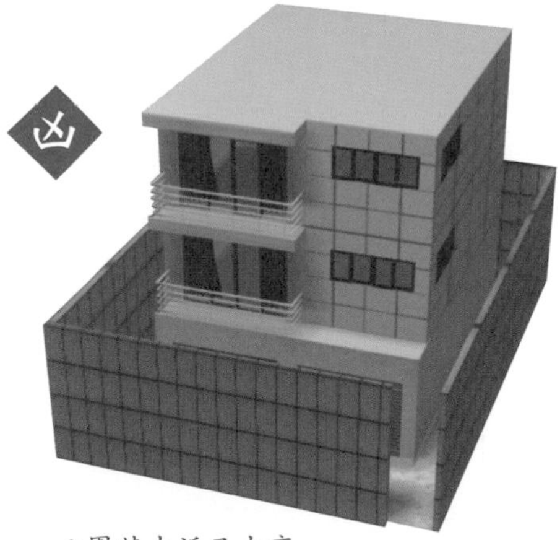

＊圍牆太近又太高

屋前有阻礙，形成諸煞格局

屋前不要有電線桿、廟宇等景觀，以免形成懸針煞、空亡煞、靈樞煞、太歲煞等諸煞（請參考第十二章〈制煞與吉祥物〉）。

別墅或社區內設有游泳池

私人別墅或集合式住宅，儘量不要設有游泳池，尤其最忌諱大型社區在中庭設置游泳池。綜而言之，游泳池大概有以下幾個缺點：

＊泳池旁空氣不佳

游泳池裡通常都是一些死水在循環，而且加了很多氯粉以便消毒，而氯粉會氣化，氣化之後，住在游泳池旁的人吸了這種空氣，將會損傷氣管與心肺功能。想想看，游泳池旁消毒藥水的味道那麼濃，如果你居住在這種環境、長期吸這種空氣，身體怎麼會好呢？

＊泳池旁溼度很重

夏季強烈的陽光照射到水池，水面會蒸散出水氣，加上社區住戶較密集，社區內的空氣流通較慢，這些逸散不掉的水氣就會跑到泳池旁的住家裡，導致室內溼氣很重。住在這裡的人，不僅每到夏天就會倍感悶熱，潮濕的居住環境還會引發許多過敏性疾病。

＊泳池會輻射出溫度與光影

陽光映射至水面，不但會輻射水面的溫度、形成蒸熱，還會在泳池附近的住家牆壁形成強烈且搖曳不定的光影，一方面增加室內溫度，也會對住戶造成視力損傷。

＊泳池維護花錢、又易變成死水

萬一游泳池沒人管理、任其荒廢，就會變成死水。所以家裡前後最好不要有游泳池，社區中庭也最好不要有。可別做傻事，去買有泳池的社區住宅！因爲你一年游不到幾次，卻要繳納游泳池的管理費，而且游泳池還會佔掉公設坪數。買房子最好買實際一點的坪數、不要買很多公設，因爲你一生根本用不到幾次；如果眞的要游泳，就乾脆花錢去外面的游泳池游吧。

大家都以爲，中庭有水能幫助生財，其實游泳池會敗財、而不是幫你生財。游泳池管理不易、而且很浪費錢，想想看，光是裝滿游泳池的那些水，每個月就花掉多少水費了？單單一個八公尺乘以十二・五公尺的小型游泳池，裝滿一池

＊游泳池維護昂貴，還可能對週遭住戶的健康造成不利影響。

的水大概就要五～十萬元台幣的水費，循環水泵的電費還不算在內呢！游泳池的水若不換就不衛生，經常換水又會浪費錢，所以養個游泳池，還眞是「兩害相權，難取其輕」！

庭院擺設也要注意禁忌

＊假山最忌前高後低或白虎抬頭

做假山時要切記一點：不要把水流引到住家門口來，形成前高後低的格局；外面囤積的土，也不要高過客廳的地板。

如果屋前庭院的地面要做得稍高，只能在房子左前方做高一點，右邊則要低。右邊的土高過左邊是最忌諱之事，稱爲「白虎抬頭」，會造成家裡陰盛陽衰，女性比男性強、太太比先生強勢、女兒比兒子有出息；女性會比較強悍，男人會變得較懦弱。

＊石頭不能擺在建築中的軸線位置

石頭不能擺在客廳前方的正中央，而要儘量擺

＊庭院填土地表不要高過客廳。

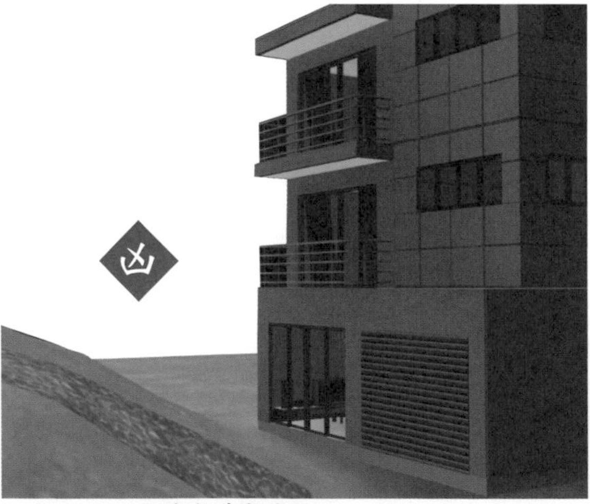

＊假山水流勿造成前高後低。

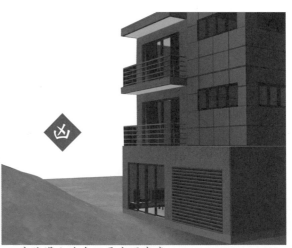

靠在右邊（虎邊）。如果石頭在正中間又很大，家裡的人容易罹患高血壓、心臟病或出車禍；因爲以風水來說，石頭會擋住氣、讓氣進不來。

「積石成磊號危岩，不測兇禍耗連年。」這是指屋前的庭院也不要放太多大石頭，這種情況稱爲「磊石」，家裡會連著好幾年發生兇難；如果是屋後的庭院，就沒有這樣的禁忌了。

＊庭院右邊宜種樹，中央要做天心池

之前說過庭院的地面要左邊高於右邊，至於右邊就以種樹來平衡。

家中若要做庭園造景，樹應該儘量種在右前方，中間最好留一塊草地；如果庭院面積夠大，最好在草皮中間再做個天心池，這是最理想的設計。

凶

＊石頭不要擺設於客廳前方中央。

吉

＊庭院要左高於右，右邊種樹來平衡。

做瀑布會造成「悲哭水」

「庭前水瀑天上來，孤寡貧弱事事哀。」凡是住家週遭、尤其是屋前，都不要做瀑布式的水景。

住家附近的瀑布稱爲「悲哭水」，會造成夫妻感情變淡、家裡的人愛哭，也會引起一些過敏性疾病。水景不是不能做，只是水必須往上噴，不要刻意做往下流的造景。所以，做噴水池是可以的，因爲噴水有活氣，流下來的水則會敗氣。此外，更不能做水幕，這要比瀑布更糟，除了敗氣，還會因爲水幕反射光線，而影響眼睛健康。

凶

＊往下流的水會敗氣。

吉

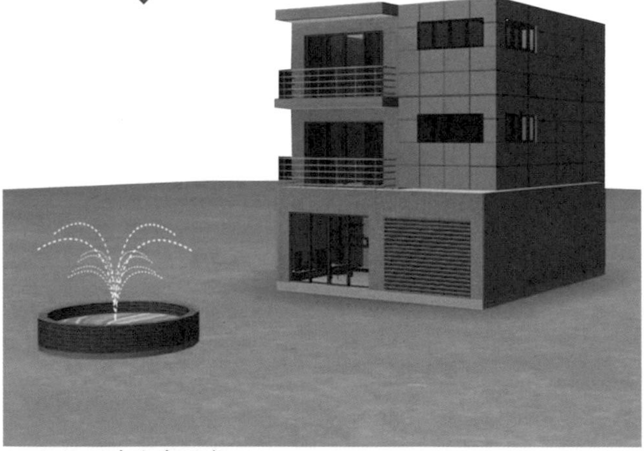

＊水往上噴才有活氣。

加蓋採光罩會形成「暗堂煞」

有些公寓的一樓住家，爲了要停車、爭取多設一個房間，或是像有人辯稱的不要讓雨水潑濺到屋內，往往都喜歡用採光罩或搭起整個屋頂，來蓋住庭院。不管加蓋的理由爲何，這個舉動都是不必要的。

庭院用加蓋的屋頂封住，會影響光線與通風，裡面的客廳會變得很暗，一旦光線太暗就會形成「暗堂煞」，不但影響視力與心情，還會讓人變得自閉保守、自卑懦弱，這樣人際關係就會變得不好，自然也就沒有前途。而且，住在通風不好的空間，因爲空氣不流通，氣管也會不好，就容易罹患心肺方面的疾病。所以，屋前的庭院最好不要加蓋。如果是加蓋透明採光罩，雖然光線還可以，但通風也是很差，一樣會造成心肺疾病。

採光罩的問題，到了夏天會變得更糟糕。夏季強烈的陽光透過採光罩，輻射加倍，使家裡溫度升高更多；而採光罩不但阻斷空氣流通、造成室內悶熱，讓整個客廳的熱度增高，倘若客廳外設有冷氣主機，冷氣的廢氣也會散得更慢，而使室內的空氣品質更加惡化。

一般人做庭院加蓋，大多是爲了停車，其實這是多此一舉，如果車子得淋雨的話，就讓它淋吧！

屋前做涼亭，子孫多荒唐

「庭前有亭號停喪，子孫行事多荒唐。」「號停喪」，意指好像有一副棺材停放在此的樣子，這種風水代表家裡不平安，經常會有人意外死掉，而不時要辦喪事。所以很少有人會在住家設置涼亭，除非你家腹地廣大，擁有後花園——涼亭做在後花園沒關係，但住家前面千萬不可有。

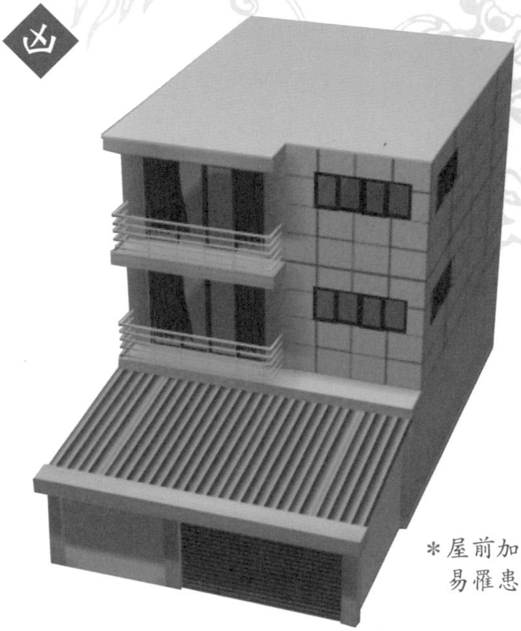

＊屋前加蓋會形成暗堂煞，易罹患心肺疾病。

＊屋前加蓋採光罩，還是會有通風差的問題。

只有很陰的地方才會做涼亭。你看，哪裡才會有涼亭呢？通常只有公園之類的地方、要不然就是在墳地——墳墓的基地如果大一點，前面也會做涼亭。如果在家裡做涼亭，豈不是把自己家當祠堂了？

「子孫行事多荒唐」，是說子孫的行爲很荒唐。台灣昔日很多大家族，都是這樣衰敗的，像是板橋林家花園，過去就曾在屋前設置涼亭（現在已經拆掉了）。涼亭可以做在後花園，也就是要和自己居住的房子隔開，但若是別墅就無妨。

在談論風水格局時，
常會出現許多毫無根據的迷信說法，
在以訛傳訛之下，遂成爲鑑定風水或選擇環境的法則。
像是住家的廳房總數和配置方式、樓層的位置與挑高，
以及東西四命的方位說、門牌號碼的選用等，
都出現許多似是而非、無從證實的禁忌與規定。

其實這些廣爲流傳的民間說法，通常都是出自古人本身的喜忌，
或是源於地區方言的諧音、甚至是江湖術士自行編派的謬論，
缺乏確切的論理基礎，實在不足以採信。

本章將針對廳房數、樓層、方位和門牌號碼這四大領域，
提出正確的格局鑑定方法，同時以科學、理性的角度，
破除相關的迷信誤解，幫助大家培養正確的風水認知。

【第五章】

廳房數、樓層、方位與門牌號碼

廳房數的迷信

從前的《魯班經》講到廳房的總數，指出：「單爲吉，雙爲兇。」必須注意的是，在以往的農業社會，廁所既不算廳、也不算房，這是因爲廁所都設在住宅之外。傳統住家的格局配置若要計算廳房，主要是以私人領域的臥房，公共區域的客廳、餐廳與廚房來計算，浴室通常也不算在內。

現代住家的廁所，也有人把它算成一個廳，因爲這廁所是全家都會用的，只要是公共空間，也視同於一個廳。至於設在主臥套房裡的廁所，就附屬於該房間，不能單獨算是一個房或廳。接下來就爲大家介紹各種廳房配置的吉凶格局和常見迷信。

▼古代住家的廳房配置▲

廳房總數取陽不取陰

過去以單數爲陽、雙數爲陰，所以大家都儘量取陽不取陰，因爲陰就是鬼或死人住的房子。以廳房的總數來講，一個家只要所有空間（臥房、客廳、廚房……）的數量加起來爲單數，都屬於吉祥的配置。所以，四房兩廳總數爲六，就是不吉祥；五房兩廳加起來爲七，則爲吉祥，其他皆依此類推。

以前，房子每層樓最多爲「九間屋」，亦即七房兩廳或六房三廳。六房三廳是指六間臥房和一個客廳、一個起居室（小客廳）、一個餐廳與廚房（可合併或分開）。總之，廳房總數要是五、七、九，都屬吉祥——小坪數房屋的廳房數若爲一、三，也包括在內；二、四、六、八則是不吉。這是過去的說法，到了今天就不盡然了！

▼現代住宅的廳房配置▲

三房兩廳：標準吉祥格局

現在的住家多爲三房兩廳——包括三個臥房、一個客廳、一個廚房加上餐廳，這是最標準的配備，若以古代的標準來說也很吉祥。

四房兩廳：隔出另一個起居室即可

如果是四房兩廳，這樣的格局也未必不吉祥；只要多隔個起居室（小客廳）、或是做個和室就行了。有四房兩廳的格局，通常也代表你家的坪數夠大，所以很適合再隔個小空間；在隔出小起居間或和室時，也未必要做實體的隔間牆，只要用一道腰櫃、邊桌或是大型長沙發，規劃出半穿透的區間就行了。

【一廳一房：一生困頓的乞丐屋】

△再貧苦的人家、再狹小的房子，也一定要隔成「前廳後房」，一進門就是客廳，再進去才是臥房，睡覺與起居的地方絕對要隔開，不可以混充。最忌諱的就是「廳房同處」，亦即進去就是客廳，然後看到床就擺在客廳裡，這是「乞丐屋」，會一生窮苦困頓。現在很流行的套房，很多正是典型的「乞丐屋」。

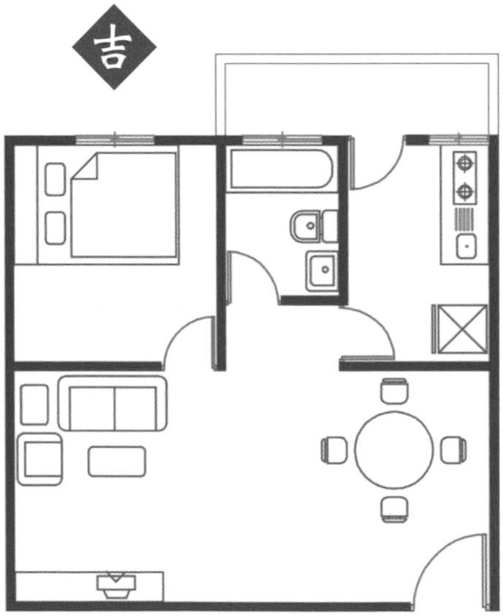

＊前廳後房

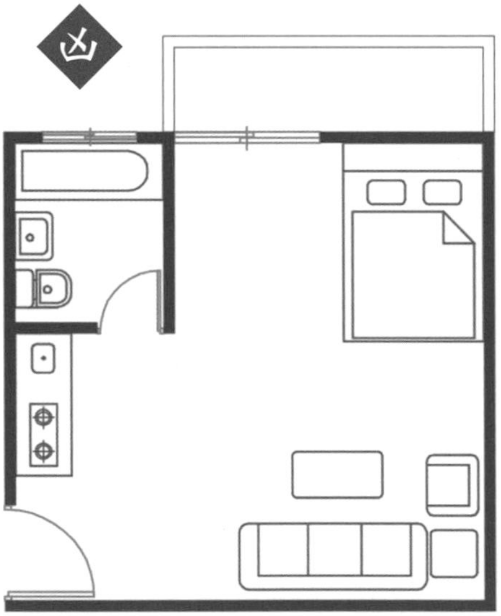

＊廳房同處

【一房兩廳：中等人家基本要求】

▲一房兩廳也是吉祥的配置，就是一間臥房，再加上廚房、飯廳（餐廳）和客廳。這是中等人家的基本格局要求。

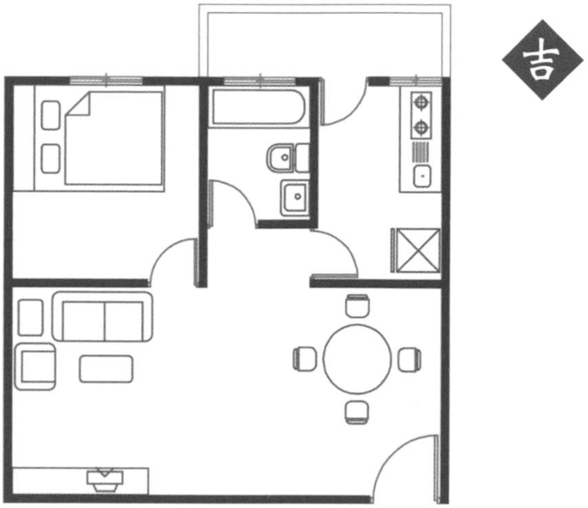

＊一房兩廳（基本型式一）

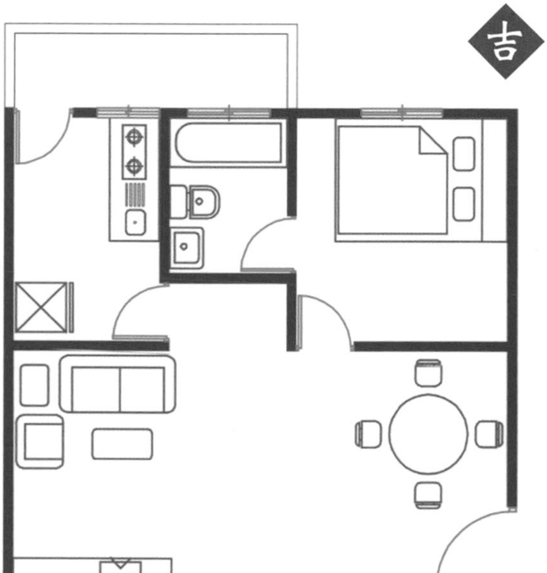

＊一房兩廳（基本型式二）

【兩房一廳：悽涼零落、人丁不旺】

▲兩房一廳為凶煞，也就是指這户人家有兩個臥房，廚房、飯廳與客廳共用一個空間（廚房沒有另外隔間），這樣也不好，家中會悽涼零落、人丁不旺。

凶

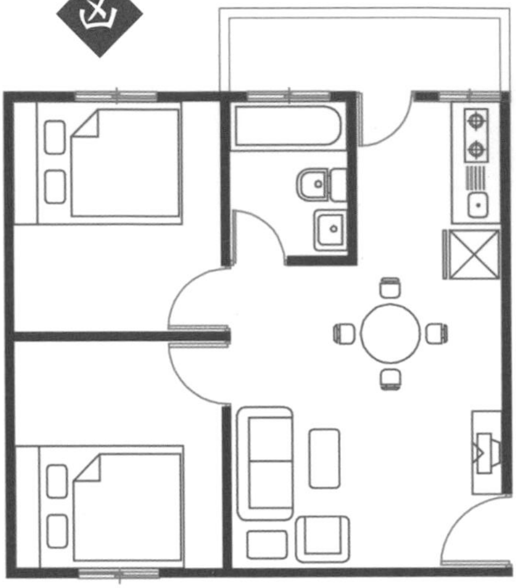

＊兩房一廳（基本型式一）

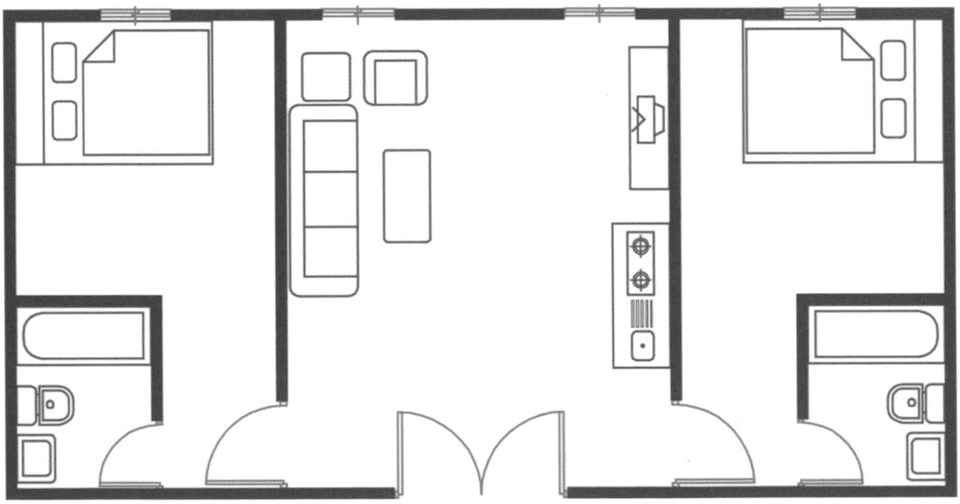

＊兩房一廳（基本型式二）

凶

【三房兩廳：最吉祥的格局】

▲三房兩廳算是最吉祥的格局，屬於小康之家，有三個臥房、一個廚房、餐廳和一個客廳。

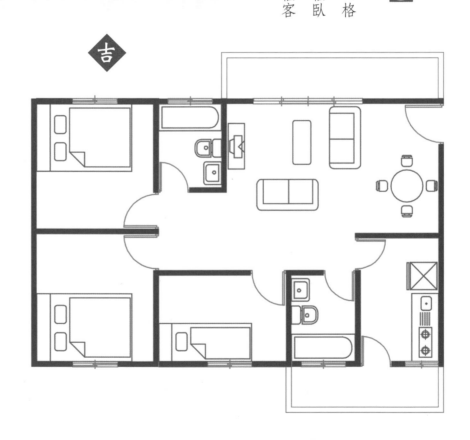

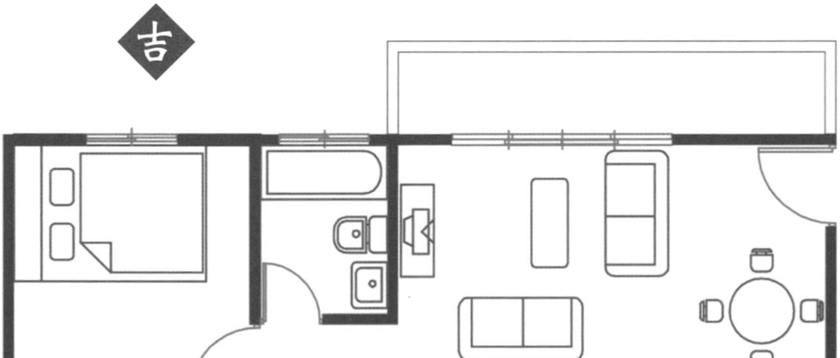

▼改善不祥廳房數的方法▲

將空房間挪作其他用途

明朝風水書《八宅明鏡》曾提到：「三間吉四間兇，五間定有一間空，七間定有兩間兇。」聽起來似乎很嚴重！其實，不用拘泥形式而太過迷信這些說法，這只是古人對數字的一些禁忌觀念，並沒有什麼科學根據，對風水的影響不會很大。但你如果還是覺得不太安心，我就教你怎麼改吧！

如果你家有五個房間，但實際上並沒用到那麼多，拿一間出來當作書房或神明廳、禪房都行；有七個房間的話，只要挪出兩間當作書房或儲藏室，這樣就解決了。

一戶只要有一個客廳即可

相傳爲漢代某位佚名作者所寫的《宅經》，寫得更嚴重：

「兩廳兩間堂，兒子重妻房；三廳兩間堂，男女一齊亡；三廳四間堂，哽病主懸樑；一廳兩間堂，少子缺衣糧；兩廳一間堂，父子重妻房；四廳四間堂，孤疾損妻房；四廳三間堂，三年宅主亡……」

這裡所說的「廳」，指的就是客廳。廳或堂在過去都是祭祀祖先與接待賓客的地方，這樣的場所，一戶人家只要有一個即可，要不然就是一個主廳，其他爲附廳；神明廳也是一個就好，而從前的房子，祭祀祖先的廳堂通常就是接待客人的大廳。也就是說，一間房子不可以有兩個或多個廳堂，這樣就會「政出多門」；而一間房子有兩個主人，就會分家，其中提到的「兩廳兩間堂」，即是如此。至於「兒子重妻房」，則是指兒子要侍奉兩個姓氏的祖先，亦即爸爸先去世、媽媽留在婆家再招贅，這是過去常見的狀況，兒子必須祭拜兩個公媽。

所以，原則上家裡的客廳只能有一個；如果有兩個客廳，也不能一樣大，必須維持一大廳、一小廳；要是有三個，也要遵守這樣的原則。家裡有兩個以上的客廳，除非減去一個，否則就會不出丁，發生招贅、重婚（因離婚或喪偶而另娶、改嫁）等狀況，讓子孫祭拜兩個公媽。這些是古代的禁忌，但如今則是不太可能發生了，因爲現代人家的居住面積能大到

＊一戶只能有一個大客廳，其他地方只要設置簡單起居室即可。

有兩個廳堂的畢竟很少，除非是豪宅。

無論是傳統的三合院或是現代的洋房別墅，也是在一樓留個大客廳就好，二、三樓就不用留客廳，頂多設個起居室即可，而且起居室規模絕對不能比一樓的客廳更大。現在也有人家如此規劃：一樓當作車庫、不留客廳，這樣就只要在二樓留客廳，其他樓層都不要設置。

一個房子何必有那麼多大客廳呢？拿現在的建築來說，如果你家裡有很多客廳，就表示你家很悽涼，空間大、人卻很少，宛如公共場所，但要是都沒有客人來訪呢？如果房子太大、自己住不了，不如把多餘的房間租出去、或是乾脆賣掉。「宅小人口多，家道漸漸豐；宅大人口稀，家道日漸衰。」這些道理我們在《吳教授開運陽宅》中都曾講過。

房間的數量夠用就好

不僅廳堂不用多，房間的數量也只要夠用就好，儘量讓每個房間都能使用到；眞用不到的臥房就改成書房，最起碼我們還會進去坐一坐。如果沒有人氣，就會有霉氣，屋子若是發霉了，則會把家裡的氣敗掉，住的人就不會健康、平安，這些都是很科學的準則。

我常說：「天地之大，養我身者一、兩碗飯；容我身者，六、七呎床。」就算賺進天下錢財，再有錢的人也是吃一兩碗飯就飽了；就算家裡再寬闊，你也是睡六、七呎大的床。所以，要那麼大的空間幹什麼呢？看開一點，凡事只要「足」就好了。古人說：「知足常樂，終身不辱。」而我說：「知止常止，終身不恥。」該放手的時候就放手、該停下的時候就停下，要不然可能會讓自己跌得粉身碎骨！

此外，以上所說關於廳房總數的禁忌，其實也不用太在乎，因爲這些都跟風水沒有太大關係，只是對於數字的喜忌而已。

＊房間數量夠用就好，多的就儘量挪作其他用途，不要閒置。

樓層的迷信

▼樓層的位置▲

公家機關適合的樓層

如果是公家機關（官署），綜合行政大樓裡與民眾最常接觸的單位，最好設在一樓等低樓層，決策單位則要在高樓層。

辦公室與商場適合的樓層

一般公司行號的辦公室，儘量不要設在一樓；一樓較適合做商場、不適合做辦公室，辦公室最好設在三樓以上。

＊辦公室最好選擇中間樓層

然而，辦公室也不要太高，適當的樓層位置則要看這棟樓的高度而定，要是太高的話，只能做爲研發單位；高處不勝寒，深不可測，最好選擇中間樓層。

若以十層樓的建築來說，最理想的辦公室樓層爲三～五樓；五樓以上則比較適合不需要與外界接觸，也就是只做固定工作、每天朝九晚五的單位，例如只負責研發設計、但不負責行銷的部門。至於得跑報關的單位，就不宜設於高樓層，否則會變得太高傲；而且樓層太高會距離馬路太遠，只是地位很尊崇、卻賺不到錢。

＊商場一定要設在一樓

每天要賣東西、招攬客人上門的商場，則一定要設在一樓；商場如果設在二樓以上，生意興隆的就不多了。

＊辦公室和商場最忌設於地下室

至於將商場或辦公室設於地下室，就更是大大忌諱了。位於地下室，意味著一生被人踩在腳下，都要向人家畢恭畢敬、活得沒有尊嚴；像是台北站前地下街雖是渡口，生意會很好，但是在那裡賣東西卻沒有尊嚴。

＊根據部門性質和週遭環境來選擇

就辦公室而言，如果是對外、但不必做業務的單位，就要選擇高一點的樓層；做業務的則要設於低一點的樓層。不過，這個準則也要視實際的狀況來調整。例如，假使你

＊選擇職場樓層時，工作型態和週遭環境都是必須權衡的因素。

公司附近的建築都很低，只有你這棟大樓特別高，那些需要較高樓層的單位就不必設置太高，只要比別人高出一、兩層樓即可，這樣看出去視野會比較理想，太高的樓層則是高處不勝寒。高樓層是有地位、但財運比較差；低樓層是賺得到錢、但沒有地位，所以最好是賺得到錢、又有地位，不是只要樓層高就好。

如果對面的樓層差不多是四樓，你的公司就可以選擇差不多六樓左右，比對方高一點點就好；再者，如果你公司這棟大樓後面的建築樓層也高，那最好要選比對方樓層稍微低一點點的地方，後面才有靠。

所以，如果是官廳的行政大樓、或是集團的總部，只負責管理、不負責業務與行銷的單位，就可以設於高樓層，俯瞰天下；如果是個人辦公室或中小企業，樓層就不要太高，否則會賺不到錢。

住家適合的樓層

*只要房子風水好，住幾樓都無妨

究竟住在幾樓比較好，這其實都是憑個人的感覺而定，也就是說，樓層數的吉凶與否，並沒有科學根據，所以也不用太忌諱。只要整棟房子的風水好，住哪一樓都無妨。

那麼，住在現代集合式住宅的人，該如何判斷你家風水好不好呢？這得從你家這棟公寓或大樓後面的靠山、前面的案山，以及左右的建築群，來做綜合判斷。

＊比前方建築高兩、三樓就好

如果，前面都是四層樓的公寓，而你買的新家位於一棟新蓋的大廈，那你最起碼要選六樓以上的樓層。因爲你要是買在五樓，從你家望出去，可能剛好對到人家頂樓的水塔或加蓋的半層樓，視野就會看不出去。

＊大樓蓋太高，會破壞當地的環境協調性，妨害景觀與採光。

所以，你家只要比前面建築的樓層高兩、三樓就好，也不要太高，否則會覺得可怕。我個人也認爲大樓不宜蓋太高，這樣會破壞此地的環境協調性。房子蓋太高是很自私的行爲，因爲你把別人的光線和視野都遮住了，會妨害其他住家的景觀和採光；而且這也犯了風水的禁忌，變成「天衝屋」（請參考《吳教授開運陽宅》283頁）。

所以，你住的房子或樓層，不要太高也不要太低，凡事中庸就好！

不要迷信不吉利的樓層數字

此外，也不要迷信不吉利的樓層數字，例如中國人不喜歡「四」、西洋人不喜歡「十三」，這些數字上的忌諱其實都是不必要的。很多公司設在四樓、十三樓，也是經營得很順利、一切平安無事。

一棟房子最重要的，是看外環境的吉凶。只要「後背有靠，左右有抱，堂前有照，照中有泡」就好；不要有路沖、前面沒有懸針煞等沖煞即可。此外，造型必須方正，採光要好、空氣流通，住在哪層樓倒是不用太在乎。若要拿現在的住宅來印證，有人住在六樓大發，但也有人住在四樓過得很不錯啊。像我就是住在四樓，這二十年來也不覺得有什麼不好，雖未大富大貴、也都全家平安。

在此，我也要端正視聽一下，以中國傳統來說，「四」這個數目其實是很吉祥的，並沒有「四樓不吉利」的說法。所謂「道生一，一生二，二生三，三生萬物。」「零」代表的是無極；「一」則是天地開闢之初，宇宙方要開始時，代表一元復始、獨占鰲頭；到了「二」時，天地分

風水小故事

台灣民間流傳的樓層禁忌

在台灣民間也有種禁忌，如果是自己蓋的房子，通常都不喜歡蓋四層樓；就算蓋四層樓，也會加蓋半層樓而形成四層半，因為一般人都認為四樓為「死」，是不吉的預兆。人們也不喜歡蓋六層樓，這除了是因為《易經》認為「六」這個數字為陰，也和「六」與台語「虧錢」（發音為「了錢」）的「虧」（了）發音近似有關。

此外，「九」也是不受歡迎的樓層數，因為在台語裡，「九」和「搗蛋」（發音為「高怪」）是諧音；「九間厝」的台語發音，也很像是「狗的屋」（狗住的房子，亦即狗屋）。

判，有了陰陽兩極（兩儀），意味著平安；「三」則是寓意大吉大利，代表「天、地、人」的三才；而「四」是萬物孕生，代表四季如春。

因此，按照古中國對天地宇宙的解釋，「四」應該是非常吉祥的數字，只因到了後來，它的諧音和台語或國語的「死」發音相近，而被認爲不祥；其實若用廣東話或其他方言來發音，可能就並非如此了。

至於「十三」，以中國的傳統觀念來看也是個吉祥的數字（吉數）；因爲若以十二地支來輪，「十三」是一個新的開始，哪裡會不吉祥呢？所以這些數字的禁忌只是迷信，住哪個樓層都無所謂，只有你住的這棟建築的風水好壞，才會關乎全家的吉凶。

風水小故事

古中國的吉祥樓層數

古中國的人們最喜歡「三」這個數字，就陽宅風水來說，房子也很喜歡蓋三層樓。譬如江南名樓滕王閣，就是蓋成「明三暗五七層高」。從外面來看，滕王閣外面有三層屋簷，但從內部來看卻是五層樓，而滕王閣的總高度則為七層樓，爬樓梯時，你也會發現裡面其實設了七層樓的樓梯。滕王閣這棟建築，就是取「三、五、七」的吉祥數字而建。

以前的人選房子，也最喜歡選樓層數為「三、五、七」的房屋。二樓的房子只是代表平安而已；三樓則是大吉大利；一樓就是一元復始，萬物初生，獨占鰲頭。所以，蓋房子多半蓋一樓或三樓，四樓和六樓很少人蓋，不然就是蓋五樓或七樓。其實，七樓以上的建築十分少見，畢竟古代的建築技術並沒有發展出興建高樓的能力。一般來說，只有皇宮會蓋到九層樓高，最高也頂多如此，因為九代表的是「極數」。

過去的數字都有吉祥與凶兆之分，這是受到易經的影響。《易經》以九為陽、六為陰，所以一般人不喜歡蓋六樓，六樓為兇；九為極數，所以一般房子最多只能蓋到九層樓。

▼樓層的挑高▲

住宅適合的挑高

若以一般住家的基本樓層挑高來算，每個樓層爲九尺（約二百七十公分）～一丈二（約三百六十公分），是最理想的高度。最低不可低於九尺，最高則不可高於一丈二，這樣的高度會比較適合人居住。如果低於九尺以下，天花板再吊個燈，感覺好像用手就可以摸到了；如果天花板高於一丈二，則會讓人感到很渺小、自卑。

公共場所適合的挑高

至於公共場所，則可以再高一點，不妨超過一丈二；但也不要合併兩層樓的高度，像是將大廳挑高到兩層樓就算很高了！只要樓高超過兩丈（六公尺），就稱爲「吼天屋」，會讓你賠錢；而且看起來空空蕩蕩的，既不好看又浪費空間！

樓層挑高的兩個大忌

樓層挑高時，要注意兩個大忌：樓上的樓層高度比樓下高很多，反之亦然。也就是說，整棟建築各樓層的高度比例，不應太過突兀。

＊樓上挑得比樓下高：扁嘴屋

例如十層樓的建築，三樓以上的每個樓層都挑得很高，而一、二樓卻很低矮，這叫做「扁嘴屋」，像是一個人的嘴巴被壓得很扁；住這種房子會讓人不良於行，一生有苦難言、行動不便，也會有腳疾的問題。

＊樓下挑得比樓上高：縮骨屋

此外，也不能將一、二樓挑得很高。如果一、二樓的高度都超過一丈二，樓上各樓層就會被壓得很扁，低於九呎以下，便稱爲「縮骨屋」，像是一個人的脊椎被擠壓的樣子；所以，住這種房子也會有脊椎方面的毛病。

＊扁嘴屋

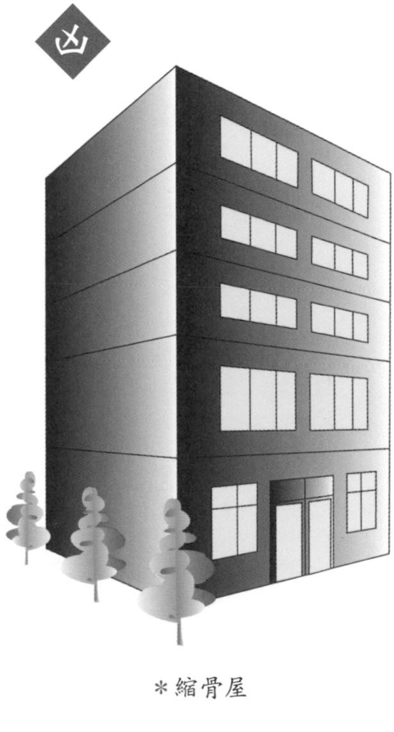

＊縮骨屋

方位的迷信

東西四命是自行編派的理論

有人會迷信「東四命」、「西四命」的說法，而這乃是受到清初趙九峰所寫的《陽宅三要》影響。

這是套用易經而自行編派出來的理論。所謂的「東西四命」，是用後天八卦（坎居下，離居上；震在東，兌在西；乾爲西南，坤爲西北；艮爲東南，巽爲東北）來解釋的方位學。乾坤兌在西邊，再加上艮，稱爲「西四卦」；坎離震巽，則叫做「東四卦」〈參考下圖〉，然後再依照出生年月來配，例如，民國九十四年生的爲四碧（「四碧」乃根據九星而來）。屬於東四命之人，買房子要住坎離震巽的方位；屬於西四命之人，要住乾

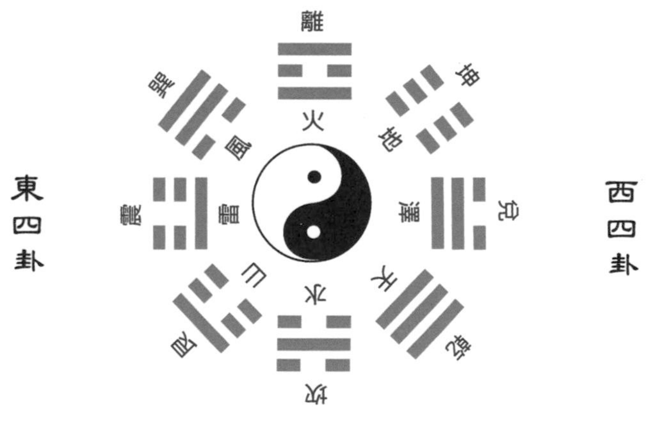

＊後天八卦圖＊

坤艮兌的方位。至於你是「東四命」或「西四命」，就要去查九星的表。例如民國九十四年是「四碧」，九十五年是「三綠」（請參照下方「風水小常識」一九〇一～二〇〇八的九星）。

如果，整間公司或全家每個人的命格都不同，那該怎麼辦呢？主張這一派的人會說：那就跟隨老闆或家長吧。然而，這些提到出生年月日的理論都是末流，毫無道理、也沒什麼科學根據，所以，千萬不要受到「東四命」、「西四命」的影響，而迷信所謂的方位！

風水小常識

中國的古老占星術：九星

九星是中國的一種古老民間占星術，據說源自於古中國《洛書》的方陣。九星分別是：一白二黑三綠四碧五黃六白七赤八白九紫，也就是八卦再加個中宮（位於中央的五黃）。像是「六白」屬金，掌管錢財；九紫屬火；三綠與四碧則屬木。

1901~2008 年的九星分列如下：

* 一白水星　1909, 1918, 1927, 1936, 1945, 1954, 1963, 1972, 1981, 1990, 1999, 2008
* 二黑土星　1908, 1917, 1926, 1935, 1944, 1953, 1962, 1971, 1980, 1989, 1998, 2007
* 三綠木星　1907, 1916, 1925, 1934, 1943, 1952, 1961, 1970, 1979, 1988, 1997, 2006
* 四碧木星　1906, 1915, 1924, 1933, 1942, 1951, 1960, 1969, 1978, 1987, 1996, 2005
* 五黃土星　1905, 1914, 1923, 1932, 1941, 1950, 1959, 1968, 1977, 1986, 1995, 2004
* 六白金星　1904, 1913, 1922, 1931, 1940, 1949, 1958, 1967, 1976, 1985, 1994, 2003
* 七赤金星　1903, 1912, 1921, 1930, 1939, 1948, 1957, 1966, 1975, 1984, 1993, 2002
* 八白土星　1902, 1911, 1920, 1929, 1938, 1947, 1956, 1965, 1974, 1983, 1992, 2001
* 九紫火星　1901, 1910, 1919, 1928, 1937, 1946, 1955, 1964, 1973, 1982, 1991, 2000

房子地點好，就無須迷信方位

關於方位，台灣的民間也流行一些俗語。例如有人說：「座西向東，仙賺❶攏空空。」意指住在座西朝東的房子，你再怎麼拚命賺錢，也富有不起來。另外還有「座東向西，賺錢嘛冇人知。」「座東向西，了錢冇人知。」「座西向東，仙賺嘛空空。」也有人說：「座西向東，安恁呷嘛呷不空。」……這些都是任人隨便講，跟東四命、西四命一樣，毫無根據可言。

其實，只要房子的地點好，就不用迷信方位。而且，若是完全依從那些迷信的方法，每三年就改一次方位，那你是不是也要每三年就換一次辦公室？所以，這些說法根本是虛妄無理！

小註解

❶怎麼賺；「仙」音為「saxn ：貧，散」。

門牌號碼的迷信

我在外面上課時曾遇到一批學生，他們告訴我，門牌號碼會決定房子的吉凶，後來我才知道他們是學九宮的，而把這一套應用在門牌號碼上。此外，學姓名學的人也多半會應用九宮來推論吉凶。

九宮對數字吉凶的看法

譬如說，學九宮的人認為，15、25、35、45、65、75……等帶有「5」的數字是吉祥的，至於55則被認為不吉祥；凡是含有「4」的數字，如4、14、24、34、44、54、64、74，除了24之外，都被認為是兇兆之數。

所以，他們認為房子的整體格局和外在環境就算再好，若是遇到門牌號碼含有「4」的數字，他們就不考慮居住，要不然就是想辦法把門牌號碼換掉。我就曾碰過這樣的情形：有人買到門牌為「74」號的房子，便想辦法弄成72之2之類的，以避過「74」這個號碼。然而，這些在九宮裡被認為不吉祥的數字，其實都是無稽之談。

因數字諧音所造成的禁忌

例如，香港人喜歡「8」這個數字，因爲發音很像「發」；中國人喜歡「6」，因爲「六六大順」。但是，「6」若是用台語發音，就跟虧錢的「虧」（了）同音；台灣人尤其忌諱「466」這樣的數字，認爲是「死了了」（「死光光」之意）。這些因諧音而生的禁忌都是毫無根據、毫無道理的推斷。

我認爲，這些無謂的迷信都是因爲社會生活壓力大，每個人不了解未來會發生什麼而感到恐懼；爲了能趨吉避凶，讓自己過得幸福快樂一點，所以對很多事物都抱持寧可信其有的心態，於是便產生許多禁忌。而且，每個地方的禁忌都大不相同，每個人都可以掰出自己的說法，將自己的行爲合理化；有些人則是人云亦云，最後便形成了某種風俗。這些都和風水毫無關連，而且不符合科學原理。

【第六章】

户外水塘

葬經說：「風水之法，得水爲上，藏風次之。」
風水以水爲優先考量，
水動處就是氣動處，水聚處就是氣聚處；
沒有水，也就沒有財。

就陽宅而言，
屋外的小潭和溪流溝澗相貫穿的小池塘，
都是風水寶地。
只要塘裡的水來自天然，就能形成好風水，
有助於人丁興旺、居家平安；
而住家附近最忌有停止流動、發臭變黑的死水，
將導致重病身亡。
除了天然水塘，人工鑿井的位置也會影響陽宅吉凶。
鑿井因可能穿破地脈、洩出地氣，而和房子的五行方位相生剋，
開錯位置將導致家道中落或全家不平安；
開對地方則會出聖賢、發富貴。

本章將介紹各種天然水塘與人工挖鑿之水的吉凶格局，
並說明如何鑑定與維持水質，
以確保活水不斷、永享安康富足。

有水就有財

尋龍山水要兼賅，山旺人丁水旺財。只見山峰不見水，號爲孤寡不成胎。

——明代劉基，《堪輿漫興》

穴臨池沼最爲宜，此穴須知世上稀。苟得眞龍並穴正，黃金滿室有何宜？

《葬經》說：「風水之法，得水爲上，藏風次之。」因爲，水動處就是氣動處，水聚處就是氣聚處。水動氣動，水聚氣聚，水死則氣死。水如果完全不流動，那個地方就沒有氣；此地完全沒有水，也會沒有氣，像沙漠就是沒有氣的地方。所以，沒有水就沒有財。

所謂的風水，以水爲優先考量，而非以山爲主。因爲在山區的水流動仍快，氣還沒有停下來，這種地方也就不會聚人。到了平原之

＊水會引來生氣、聚集人口，所以許多重要城市都是位於大河兩岸。

後，水流變緩且聚集成大水，水會引來生氣，所以水聚集越大，人口就聚集越多。綜觀當今天下，有多少城市不都是位在大河流的旁邊？像是中國長江，西方的萊茵河、多瑙河，兩岸均是大城雲集；世界各大文明的起源，也都和河流有關。

▼養廕龍池是絕佳風水▲

山貴龍會水貴注

一條河川的精華點，就在能聚水成湖、聚水成沼的地方。對於這一點，我也曾寫下這樣的詩作：

山貴龍會水貴注，百川蕩漾澄鑑湖；
此地眞龍養廕池，登堂將相運若馳。

山區最好的地理，就是有很多山脈來交會之處、或是一條山脈發了很多支腳的地方，這叫做「龍會之處」——很多山龍交會之處。至於山裡有水的地方呢？則最好有很多河流匯聚成一個湖泊，稱爲「百川蕩漾澄鑑湖」——意

＊山區最好的風水，就在能聚水成湖、湖面澄清如鏡之處。

指很多條小山澗順著地勢流到平坦的地方匯聚成湖，湖面澄清如鏡，這就是山區的好風水。

平地池沼也是「養廕龍池」

不管平地或山區，都要在低坳之處，才會形成「眞龍養廕池」——也就是指高山湖泊和平原地區的池沼。譬如台灣山區的日月潭、翠峰湖、竹子湖；還有烏山頭水庫、澄清湖與恆春的龍鑾潭這些平地的池沼（沼澤地），也都是「養廕龍池」。這種「養廕龍池」，平地要比高山來得多，台北過去的五股沼澤區與劍潭，就是典型的例子。

就陽宅而言，屋外的小潭和附近溪流、溝澗相貫穿的小池塘等，都是風水寶地。本章所要談論的，也就是這一類的水塘。別小看這水塘，只要裡面的水是來自天然，就能形成好風水。宋朝大儒朱熹，也曾這樣形容自己的家鄉婺源：

半畝方塘一鑑開，天光雲影共徘徊，
問渠哪得清如許？爲有源頭活水來。

——宋代朱熹，〈觀書有感〉

風水小故事

面積廣大的五股沼澤區

從前五股的沼澤區面積很大，甚至還可以捕魚呢！新莊二省道附近還沒開發興建的地區，只是其中不到十分之一的面積；今日從新莊通到八里的堤外便道，也曾屬於五股沼澤區。這個沼澤區在以往能調節台北盆地的洪水，後來則因為交通需要而被改成馬路；從此以後，台北縣市每逢颱風大雨，就經常必須面對淹水的問題。

▼天然水塘V.S.人工鑿井▲

人工鑿井要選對位置

在《吳教授開運陽宅》中，我們曾談到鑿井的位置也會影響到陽宅的吉凶。人工開鑿的水井因爲可能會穿破地脈而讓地氣洩出，和房子的五行方位產生相生相剋，所以井不能亂開，要是開錯位置，會造成家道中落或全家不平安；如果開對地方，則會出聖賢、發富貴。

天然水塘吉多於凶

至於由泉水匯注而成的天然水塘，無論位在房子的哪個方位，都是吉多於凶。

▼什麼是活水？▲

活水對家裡的人丁興旺很有幫助；而所謂的活水，必須符合以下兩個原則：

＊大陸婺源地區水塘的明媚風光。

不用天天注入

只要偶爾注入、或是下雨天注入一下即可。這種經常在流動、換水的就是活水。

本身就會「出泉」

「出泉」是台語，意指「湧泉」，也就是自動從地底冒出的地下水，或是只要有人稍微挖地表就會噴出水來的湧泉，這也是活水；像是屏東一帶，就有很多這種從地底自動冒出來的泉水。這種水反而要儘量開挖，因爲這代表此區的地氣較浮，要藉由開井或挖泉水的途徑將它散掉，讓飽滿的地氣獲得發洩，才能達到平衡。

有些地區因爲地下水較豐沛、或是山區人家附近有山泉，這些泉水或地下水在雨季湧出較多，但可能一遇乾季就枯竭了，有些人家於是會在屋前挖個窟窿、或蓋個儲水槽聚水，這種水因爲來自天然，存著也不會乾掉，所以也算是活水。

接下來，就爲大家介紹各種活水水塘的吉凶格局。

水塘的吉凶格局

▼天然活水▲

【宅屋四周水塘清，子孫清貴又聰明】

＊房屋四周有活水圍繞

▲宅屋四周都有活水圍繞，世代不愁吃穿、財源滾滾，而且子孫聰慧有功名。

＊宅屋四周有惡臭死水

【宅屋四周塘惡濁，人丁愚痴兼病苦】

▲宅屋四周有惡臭死水，主風水散氣，會導致生活困頓、子孫愚痴。

【塘如新月，兒女超越】

▲「塘如新月」，也就是所謂的「月眉潭」；這種格局會使子孫俊秀、出類拔萃。不過要形成這樣的好風水，這月眉必須是天然的水塘才行。像是嘉義新港鄉有個月眉村，以前曾有一戶全台灣最富貴的人家——王得祿一家；此村名為「月眉」，就是因為朴子溪到了王家前面，出現一個小小的彎抱，就像月眉般形成一個月眉潭，潭水並與朴子溪的溪水相通。後來相通的溝渠斷掉後，王得祿這一族的家道也就跟著沒落了。

＊池塘彎曲如月眉

風水小故事

平定海盜有功的王得祿

王得祿是嘉慶年間浙江水師提督，也是當時台灣人在清廷官位最高者，生前官至太子太保，死後被追贈為太子太師。王得祿能平步青雲，主要是因為平定了海寇蔡牽之亂。清代中期，蔡牽擾亂東南沿海將近二十年，官兵始終無法剿滅，直到王得祿在澎湖力戰海盜，終於殲滅這股作亂勢力，從此東南沿海綏靖，商旅船桅往來暢通無阻，王得祿居功厥偉。

【塘如太陽星，官職滿朝廷】

▲如果前面有個水塘宛如「日」的形狀（太陽星，正圓或接近圓形），全家的人都會做官。

＊水塘呈「日」形（正圓或接近圓形）

【溝塘如勾，長幼蕭索】

▲屋前的池塘如果形成一個類似鐮刀狀的細溝塘，家中會變窮，人口也會跟著凋零、因而沒落。這種格局和月眉潭並不相同，月眉潭的形狀比較飽滿，這種水塘則比較尖削。

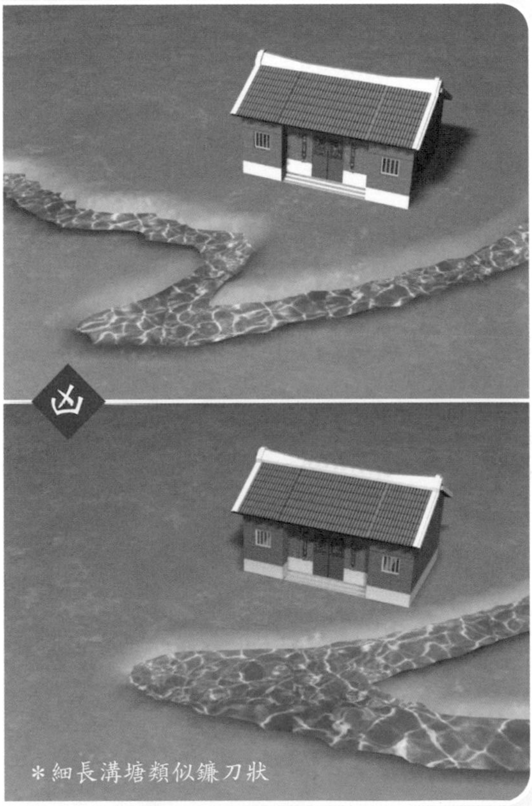

＊細長溝塘類似鐮刀狀

【塘如曲尺，人丁苦楚】

▲池塘也忌諱變成有如「✓」字般、帶有急轉彎形狀（曲尺、丁字形），這樣都很不理想，會導致生活困苦。

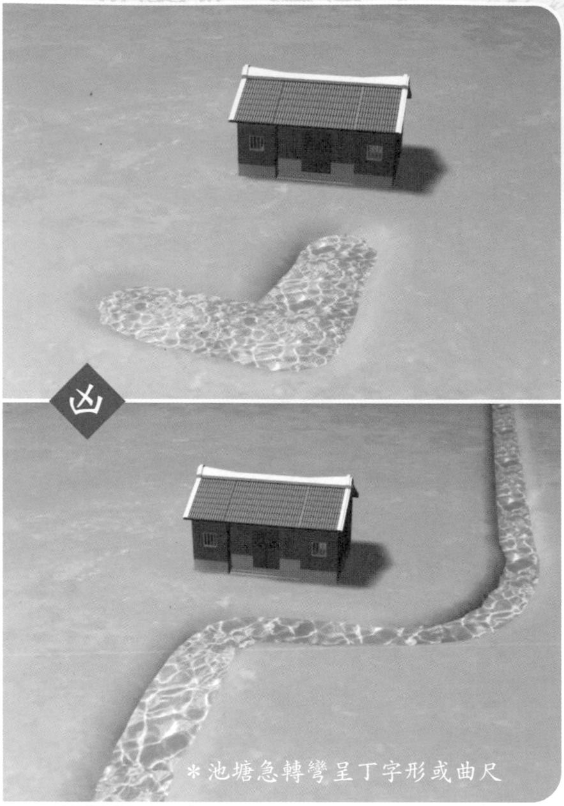

＊池塘急轉彎呈丁字形或曲尺

【塘如屍形，重葬悽零】

▲扁長又帶流線的水塘，就像人死掉躺下來的模樣。如果是橢圓形的還好，長扁形的就很糟糕，家裡常會死人。

＊水塘扁長又帶流線，有如屍形

【堂前死塘，重傷主人】

▲屋前的水塘變成死水，會嚴重傷害屋主全家。

＊屋前水塘變死水

【屋後死塘，枉死重喪】

▲房子後面若有死水塘，這一家的人就會「枉死重喪」，常常因為官司而被冤枉，也常會夭亡。

＊屋後有個死水塘

風水小故事

住家附近有死水，家人得重病

明堂不能太低、不能狹長，前面更忌諱有死水。除了屋前，住宅附近也忌諱有死水，像臭掉的溝渠、池塘或魚池，甚至是管理不善的骯髒泳池。死水，就是沒有生氣的水；環境若無生氣，人也會跟著沒有生氣，所以屋子附近有死水的人家，常發生罹患重病而死的情事。

甲申年初（民國九十三年），我到廣東佛山高明去幫一位台商看風水，結果這位台商有個在監獄服務的高官朋友，也希望我順道去他家看看。

高明此地本就是個好風水。道教有所謂「三十六洞天、七十二福地」，是修練的最佳地點，而高明正是「七十二福地」之一。這麼好的環境，哪還需要看風水呢？我於是抱著好奇的心情前去瞧個究竟。

這位高官一家都住在監獄宿舍，他的同僚也是，而社區後方則有個大水潭。由於大陸實施一胎化政策，這位高官只有一個兒子，沒想到這寶貝獨子不久前突然罹患血癌，病情相當不樂觀。高官很著急，打了國際電話來台北問我怎麼辦，我問他：「你家附近是不是有一潭死水？」他說沒有死水，但有一潭活水。我當下就判斷，那潭水可能已經死掉了。

後來我飛抵大陸查看，人還沒踏進社區，遠遠就聞到一股臭水味。我說這明明是死水，怎麼還說是活水！原來，那高官不知道什麼是死水、什麼是活水，只是兀自想著：「水怎麼會死呢？所以當然是活水囉。」

總之，這死水本來是個天然水潭，很久以前經由灌溉管道，還能與珠江的上游西江相通，那時潭水很清也很甜，釣起來的魚還可以吃。後來因為都市發展迅速，那一帶蓋起太多建築而截斷了水脈，再加上大量排放的家庭廢水，這潭清澈的池水最後就變成了死水，臭得不得了。我跟這位高官說，要治好他小孩的病，只有趕快搬家，因為那水池差不多有五分地廣，約一千五百坪，根本無法填平；這水池也不是他一個人的、而是公家的，就算想填平，其他居民不見得願意，所以我就勸他趕快搬家。

他們一家搬離這個社區後，兒子的血癌就控制得很好，病情進步很多。本來這孩子的呼吸道也有問題，現在也變得很健康，不但能像一般小孩蹦蹦跳跳，做些打球之類的激烈運動都沒有問題。這的確是我親眼目睹的真確事實。

後來，我才又發現另一個事實：他們原本住的那個社區一帶，死於癌症的人很多，其中也包括這位高官的不少同事，其中有年輕的、也有年老的，全都是莫名奇妙患了重症而死。所以，千萬不要住在死水旁邊，明堂有死水更是大忌，這樣家裡絕對會有人重病身亡，不可不慎！

＊兩塘相接

【上塘接下塘，不久家下亡】

▲我曾碰過這樣的格局實例。

嘉義縣竹崎鄉的深山裡有户人家，房子前正中央有個天然水塘，正是所謂的「水聚天心池」，所以這家的兒子在外地因為蓋房子賺了不少錢。後來他爸爸在自家右前方，又用石頭把山溝水圍成水壩，形成一個潭；那潭水再流到屋前的天心池，無意間形成了「上塘接下塘」。

從此，這一家就變得很不平安，不只是媽媽身體不好，六十幾歲就因糖尿病逝世；一個媳婦出車禍死亡，留下一個稚兒；另一房媳婦因分居受了刺激，導致精神狀況不太好；出嫁的女兒則是離婚，回家時就發現得了兩、三種癌症，不到四十歲就病發而亡。

一開始，我勸那位爸爸把水壩拆掉，但他說有水壩取水方便，捨不得拆。直到他媽媽去世了，他才拆掉那個「上塘」，但為時已晚，家中的女人全都遭到兇難。

其實，天然泉水所造成的負面影響還比較小，倘若這家的上塘是井水或人工自來水，問題就會更嚴重了！

【鵝頭側角，男女荒唐】

＊水塘一端細小，並有如鵝頸般尖銳轉折

▲水塘若一端寬大，另一端卻很細小，中間還有一段如鵝頸般尖銳轉折的狹窄處，這樣的風水會鬧桃花。此外，有些社區會在公共設施的大泳池之外，再做個孩童專用的戲水池，兩個池子則用一條小水道相連接，這樣住在此社區的住戶就會亂搞男女關係，桃事糾紛頻仍。

【前塘路直去，妻女必亡出】

＊塘前有道路直伸、或是池水直往前流

▲在水塘前面有條道路直直延伸、或是池水直接筆直往前方流出，這樣妻女容易跟外面的男人私奔（亡出）。

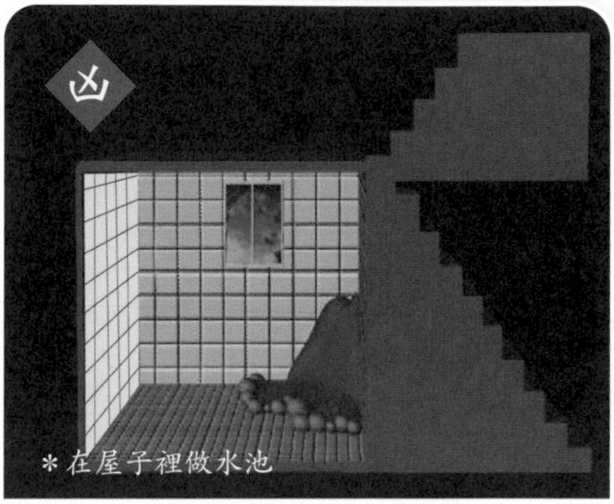
＊在屋子裡做水池

【屋內做塘，破財逃亡】

▲「屋內做塘」，就是在屋子裡做水池。很多人習慣在樓梯下方或房子裡做個水塘養魚，這非但不會存錢，還會因為倒人家的債，而必須逃亡。

【左塘有直路，長房必遭辱】

▲這種格局是在房子左側有條筆直的大馬路，路旁又挖了一個很大的水塘，這樣將會招致災難。水尤其對長房有害，容易遭遇開刀、車禍、罹患癌症等血光之災。

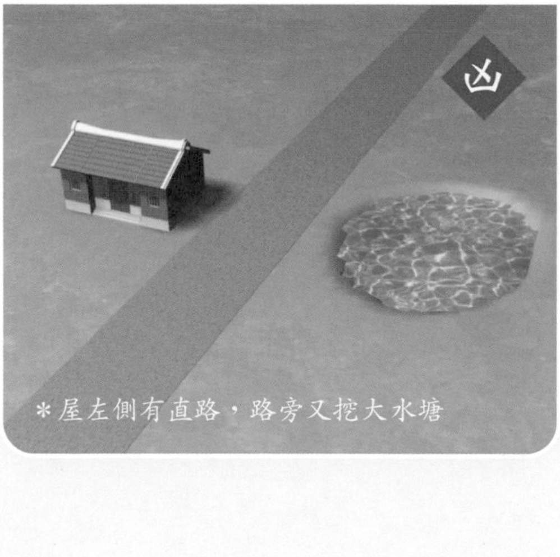
＊屋左側有直路，路旁又挖大水塘

【塘中起水亭，兇煞換災刑】

▲池塘裡不要蓋涼亭，否則家裡會有災難。例如以前的林家花園，自從在庭院的水池中蓋了涼亭，先是小姐自殺，接下來則是兄弟爭產，妯娌之間也勾心鬥角，慢慢地就人丁離散、家道敗落。

＊在池塘裡蓋涼亭

＊在水塘裡建小山

【池中起小山，人命官司擔】

▲如果在水塘裡弄座小山，家裡就會死很多人。像是日月潭中的光華島，對玄奘寺來說雖是案山，但對其他住家而言，就是所謂的「池中起小山」，所以從前日月潭也常傳出船難。

【塘水似黃泥，眼目多昏迷】

▲住家附近的水池不乾淨，家人的視力就會變得很差。

＊塘水混濁不乾淨

＊池塘很淺又乾涸

【淺塘水涸，貧困無告】

▲家裡的池塘很淺而水又乾涸了，就會窮得到處講給人家聽，但別人又會不堪其擾，所以無從訴苦。

▼人工挖鑿的水▲

【水聚天心，十方食秀】

△很多人喜歡在屋前挖個水池做庭園造景，所謂的「天心池」，也就是在庭院中央，位於房屋中軸線上開鑿的圓形水池，池裡還要做往上噴的噴水裝置。無論廟宇、工廠或住家，如果前方庭院夠大，中央開個天心池，並做噴水機關讓水維持流動，就能「名聲透京城」（台語俗諺），讓你馳名四海。尤其是從事海外貿易的公司，這種風水可以讓你賺到全世界的錢；如果是開工廠，產品則會行銷全球；如果是廟宇，將可香火傳千里。但要注意的是，如果這個池的水變成死水，就會變成左頁所說的「照盆煞」。

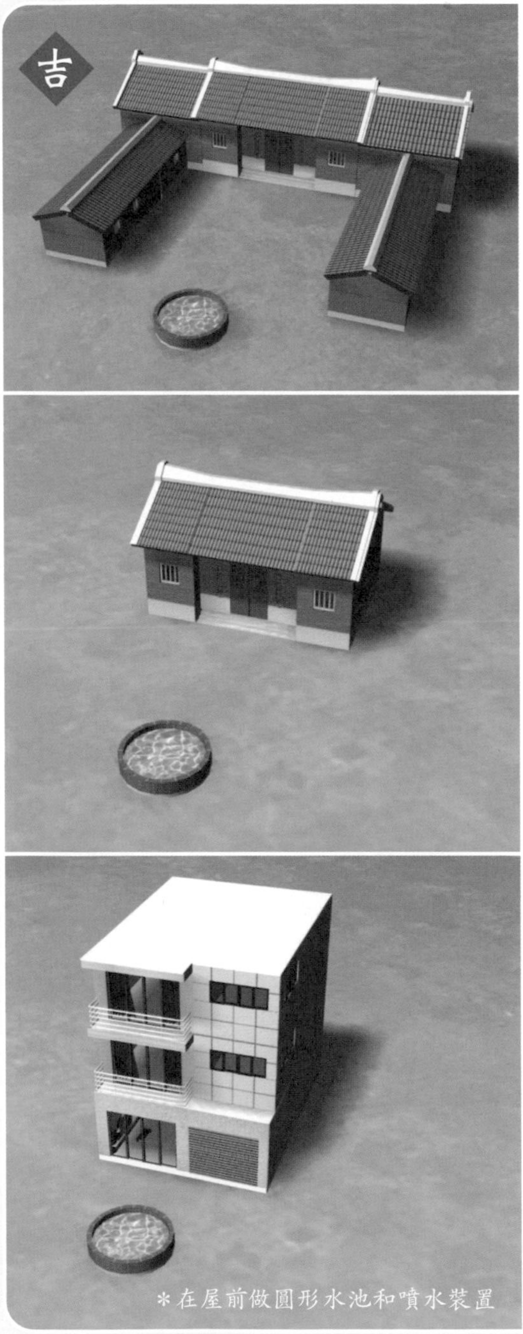

＊在屋前做圓形水池和噴水裝置

＊門前正中央水池變成死水

【屋前照盆，禍延滿門】

△這種風水會引起滅門血禍，全家都被殺光。

很多人喜歡在門前正中央做個水池養魚，後來卻疏於管理而沒有換水，結果就讓這池水慢慢變成一灘死水，進而發生滅門血禍，在台灣就有很多這樣的案例。像是過去在中部，曾發生一樁滅門兇禍，到現在還沒破案，那一家的太太、兩個女兒和奶奶全都被屠殺，連家裡養的狗也難逃毒手，而這戶人家就是在自家的庭院裡，有個變成死水的水塘。

【屋前兩塘，夫妻難長，兒孫夭亡】

▲水塘只能開一個，不能開兩個，這樣夫妻有一個會先死，而無法白頭到老；兒孫也養不活，容易夭折。

*屋前開兩個水塘

＊自家附近有優質甘甜的泉水

【宅出醴泉，養廕聖賢】

▲醴泉，是指優質的泉水。自家附近如果有很甘甜的泉水，家裡就會出聖賢、小孩也會很聰明。只要有甘甜水質的地方，通常都會出些聖賢。

【流水飛瀑，家中多哭】

▲房子前面有假山瀑布、或是做個水幕造景，就像是一個人在哭，並非理想格局。這樣家裡會經常發生不幸，夫妻離婚、生活悽涼，無論是夫妻感情或親情，都會越來越淡薄。

＊屋前有假山瀑布或水幕造景

活水的鑑定與維持

活水關係到財運與家運，如果你家有活水，財運就會源源不絕；如果是死水，因爲水脈已經斷了，所以財運跟著滅絕，不但賺不到錢、人丁也會慢慢死亡，導致家中變得蕭索。

如何維持活水不斷？

水活，就是指從池塘外邊，有水不斷輸進來，或是這潭水的下方有個地下湧出的泉源。這種天然活水源源不絕，就代表外來的錢財（從外面送來的錢財）會越來越多。無論是做生意或做官，住家週遭若有這樣的活水，額外的錢財就會越來越多；而這外來的水如果是自己加入的，則代表是用自己的錢去賺取利息而已。但是，如果這水死掉了、完全沒有進水，就代表蝕老本，池水會自行慢慢乾涸。

如何鑑定死水？

*水慢慢優氧化，而且變臭變黑

水如果臭掉，就是第一等的死水，這點無庸置疑。當水完全死掉之後，就會變臭變黑。此外，若是水開始慢慢優氧化、長些水藻，就已經變成半死水狀態。

＊水中生物只剩下吳郭魚、福壽螺和水藻

如果水中的生物慢慢死掉，只剩下一些生命力比較強的生物，這也是變成死水的前兆。例如水裡原本有很多魚蝦，但這些魚蝦卻逐漸死亡，只剩下吳郭魚還活著，就代表這裡的水質已經「死」了。當水中只剩吳郭魚、金寶螺（福壽螺）和水藻等具有超強生命力的生物才能存活時，就代表這地方的水正要漸漸死掉。

＊水邊和水面只剩下癩蛤蟆與水黽在活動

水質剛開始變質的另一個徵兆，就是開始有大量的癩蛤蟆繁殖。癩蛤蟆的生命力很強，喜歡待在死水邊生活，至於青蛙就只能在清澈的活水邊生存。此外，水面可以看到水黽（水蚊子）在爬行，也是水開始變質的警訊。

如何鑑定活水？

水裡若有蛤蜊、田螺、大肚魚、青蛙、水蛭等存活，這就是活水，而且是一等一的活水，這種水質很乾淨，甚至喝下肚也沒問題。我們可以利用這些生物的存活，來區分活水和死水。

樑柱之於房屋，好比骨骼之於人。
樑柱是建築的支架，如果結構欠佳，就不能支撐房屋；
人的骨骼要是不健康，也一樣無法抬頭挺胸站好。
房子的樑柱配置失當，置身其中之人就可能罹患骨骼疾病；
從另一方面來看，這也意味著此人在社會上很難立足、會過得很辛苦。

樑柱最常見的結構禁忌，就是上下粗細不一、導致重心不穩；
另一種則是樑壓頂造成的「扛屍煞」，
而且不只是床，連辦公桌和人坐的位置也不能被樑壓，
否則將因氣沉造成壓力，導致元神耗弱、引發傷亡，不可不慎。

本章將解說重要的樑柱結構禁忌與問題，
及其將如何影響陽宅風水和個人命運，
以作爲興建房屋、或是選擇職場與住家環境時的參考。

【第七章】

室內樑柱

樑柱之於房屋來說，就像是骨骼之於人。樑柱是建築的支架，如果配置不當，就不能支撐房屋；人的骨骼如果不健康，也一樣沒辦法抬頭挺胸站好。所以，如果房子的樑柱有問題，住在裡面的人也會罹患骨骼方面的疾病；從另一方面來看，這也意味著使用這間房子的人，在社會上很難立足、會過得很辛苦。如果房子小而樑柱太粗，裡面的人會因爲使用空間不夠，而覺得外界施加的壓力很大；房子大而樑柱太細，則會覺得自己力量太薄弱，無法撐持這個家。

所以，樑柱不但關係到一棟房子結構上的安全，也影響著在裡面生活者的命運。在本章中，我們就要來瞭解樑柱是如何影響陽宅風水。

＊房屋的樑柱有如人的骨骼，其結構配置也會影響人的命運與健康。

樑柱的結構禁忌

▼支撐點不對稱▲

柱上下粗細不一

樑柱❶的支撐點，必須上下左右都對稱，不對稱是最忌諱的格局。

何謂「不對稱」呢？以柱子來說，就是柱子的上半截較粗，下半截卻突然縮小。一根柱子的粗細要均勻，如果只是上下粗細有點變化，像是希臘神廟那種從下逐漸往上內縮的石柱，就沒有問題；最怕的是柱子上下粗細不一，造成上半截過重，柱子的重心不在下半截的中心點。

有一項很重要的忌諱，就是不能將柱子分成粗細不同又不對齊的兩段，這種結構的建築最後一定會倒塌，但我眞的就看過有人這樣蓋房子！這個人因爲要在下方做無柱空間，於是就把柱子聚攏靠著牆做起來，而且每根柱子都很細小；至於橫樑上方因爲不需要無柱空間，所以柱子又恢復原來的粗細。這種建築結構很有問題，柱子最好是從上到下一體成型，而且粗細都一樣。

小註解

❶柱子屬於魯班陽宅結構學範疇，請參考《吳教授開運陽宅》56頁。

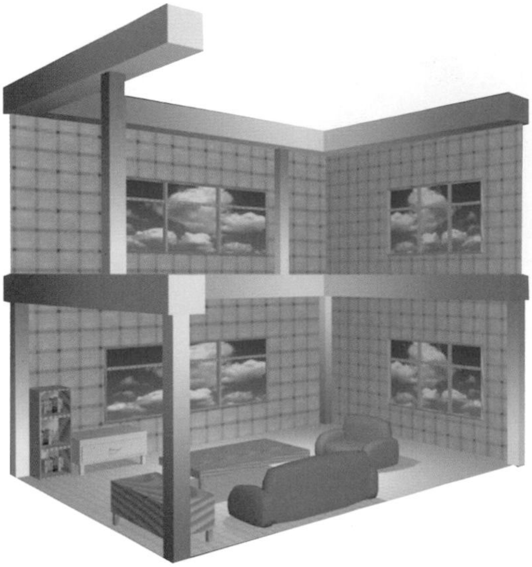

＊樑下做無柱空間，導致
上下柱子沒有對齊。

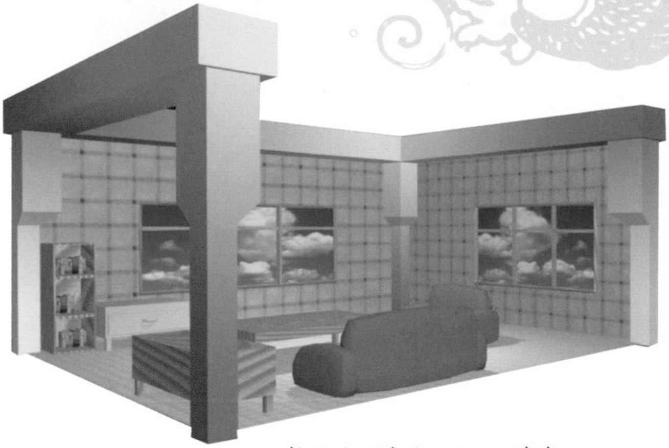

＊柱子上下粗細不一，造成
重心不在下半截中心點。

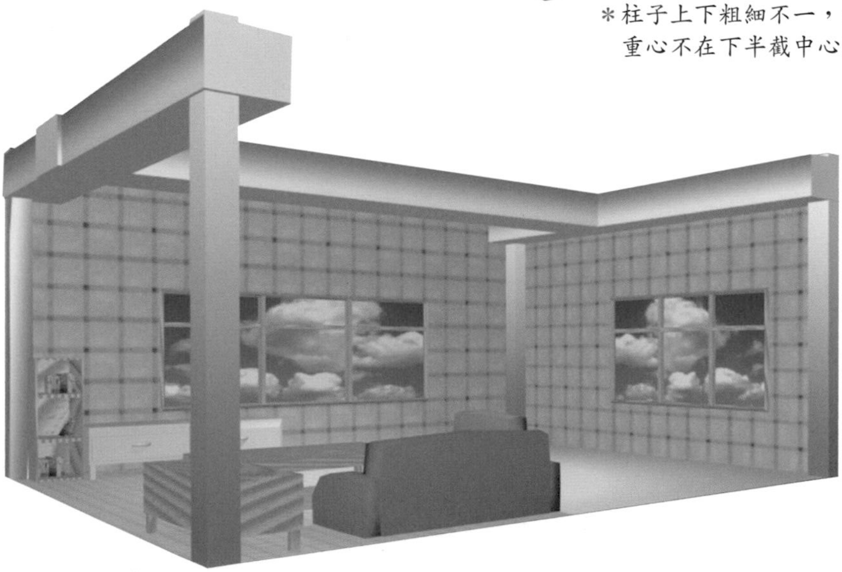

＊橫樑呈丁字形，會有結構上的疑慮。

樑粗細不一或不對稱交叉

樑也是最忌諱支撐點不對稱，包括粗細不一或不對稱交叉都是如此。例如，橫樑不是從天花板這一頭的柱子跨到另一頭，而是在中途叉出一根橫樑來支撐，使得兩根樑在天花板呈丁字形交叉，這也會形成支撐點的不對稱。橫樑呈丁字形會有結構上的疑慮，所以建蓋房子時應儘量避免這樣的設計。

▼壓樑形成「扛屍煞」▲

樑壓頂會影響氣場而致病

我們常聽人家說「樑壓床」是個忌諱，其實，豈止房間的床不能壓樑，就連辦公桌、書桌和人坐的位置，也不能壓樑。凡是這些地方被樑壓到，就稱爲「扛屍煞」，這是因爲頂上的橫樑，類似出殯抬棺材用的那根木頭——「大龍」（大樑），所以坐在橫樑下，就像是人死了被人家抬走的模樣。

＊頂上的橫樑，就像出殯抬棺材用的「大龍」。

爲何頭頂或人身上不能有橫樑通過呢？這是因爲這根樑有股很大的壓力，此處的氣會比較沉，導致樑下的氣場逐漸產生一股無形的壓力；人若長久待在橫樑下方，筋骨會被壓得受不了，而導致元神耗弱、筋骨痠痛。所以這個禁忌是源自氣場的關係。

此外，長期睡在樑下或坐在樑下的人，會因爲心理壓力很大而造成精神疾病，罹患憂鬱症、躁鬱症等的比例會偏高。因爲身體不健康，也會連帶影響到事業發展，導致前途停滯不前。

唯一化解法：避開樑柱下方

常有人誤以爲，使用輕鋼架或木造天花板遮住橫樑，就能化解「扛屍煞」；其實這樣只是看不到橫樑而已，這根橫樑和它所造成的氣場仍然存在著。

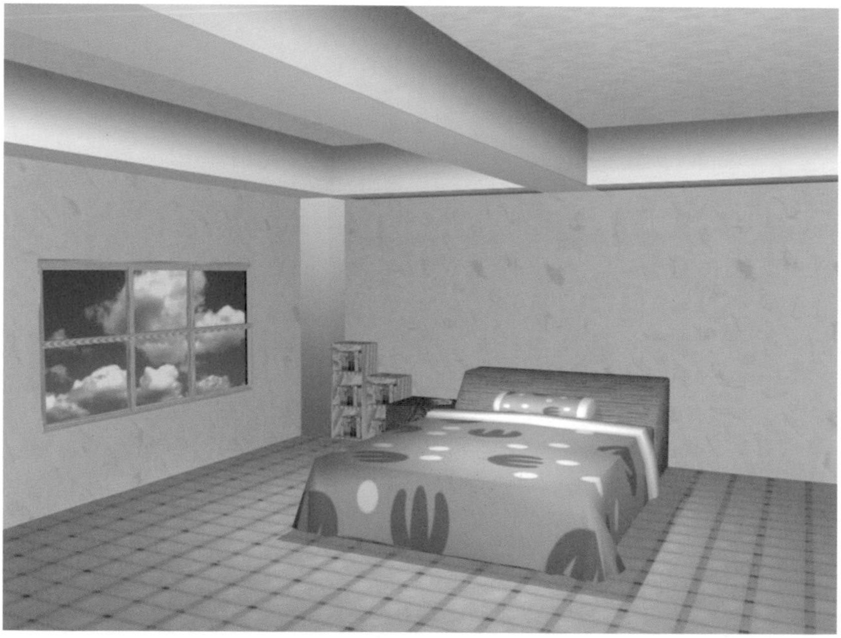

＊樑壓頂會導致元神耗弱、筋骨痠痛。

所以，樑柱下方要儘量避開。如果辦公室不夠大，樑下空間非得利用不可，那乾脆就換個新辦公室好了。如果是住家空間不夠，而導致床或書桌得擺在橫樑下方，不妨把一些較少用到的傢俱收起來吧。總之，「扛屍煞」唯一的化解方法，就是讓自己儘量避開樑柱的下方。

樑不能壓床

由於樑壓到的地方氣太強且太陰沈，以致會敗掉被壓到的器官；而樑壓床最忌諱的，就是壓到頭部和上半身。

＊樑壓到頭部

樑壓到頭部，影響會非常嚴重，人容易發瘋、癲狂，不然就是遭遇重大災難或猝死。

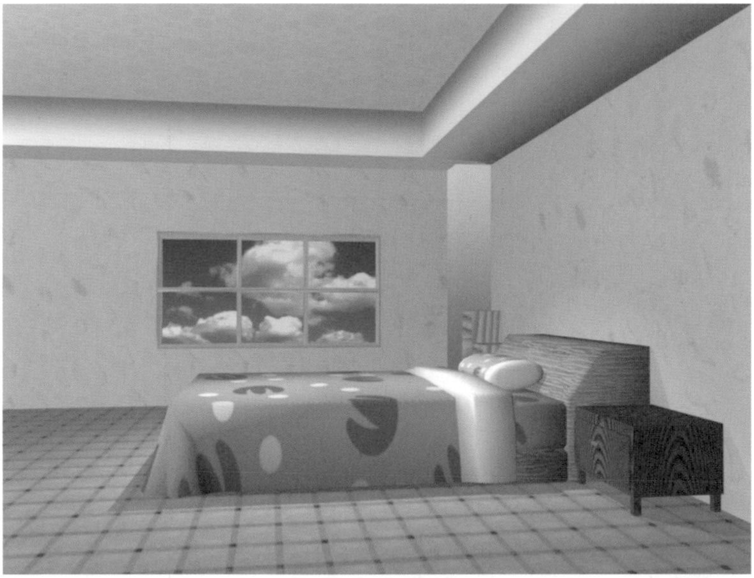

＊樑壓頭部，人容易癲狂或遭逢災難。

風水小常識

用木造天花板遮樑，無濟於事

現代建築往往因為寸土寸金，而在小塊土地上蓋高樓，以向上爭取空間，但此舉卻讓每戶住家的房間幾乎都會出現大橫樑。我認為，如果用木造天花板將樑柱包住、遮住，確實能減輕一點問題，例如若是直接壓樑會致死，用木造天花板隔起來也許就不會致命，但還是會半身不遂或得到重病。所以最直接的方式，就是避開有橫樑之處，何必和它頑強對抗呢？

＊樑壓到上半身

樑壓到胸部或腹部，也會得些重病，像是心肺惡疾、猝死。

＊樑壓到下半身

樑壓到膝蓋以下，症狀比較輕一點，會不良於行、雙腿折斷或肌肉萎縮。

＊樑壓上半身，會罹患心肺惡疾或猝死。

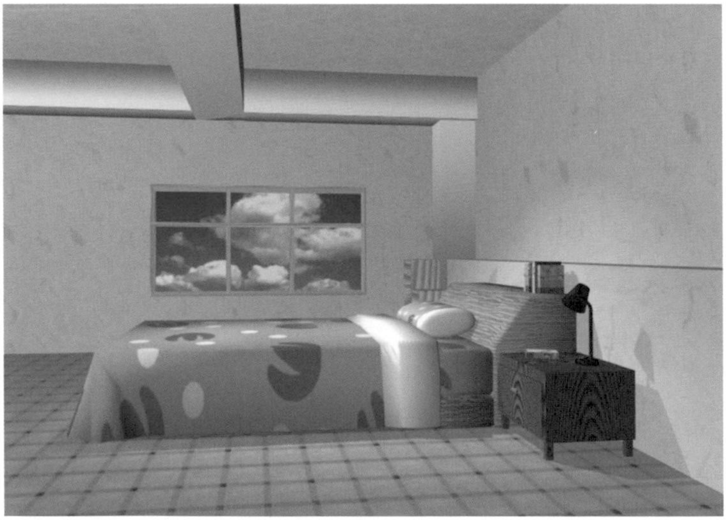

＊樑壓下半身，會雙腿折斷或肌肉萎縮。

樑不能壓座位

座位壓樑的問題，又可分爲兩種，一種是樑壓到桌子；一種是樑壓到座位。

＊樑壓到桌子

樑壓到桌子，並不會致命，只是會影響坐在這裡之人的前途和升遷。

＊樑壓到座位

樑壓到座位，就會致命；被壓的人不是自殺、就是癲狂，也可能罹患重病。我曾經多次目睹這樣的實際案例，所以特別提醒大家，要多加注意以消災避禍。

辦公室通常因爲大樓結構的關係，整個空間的天花板會有橫樑經過。如果你發現自己辦公室的上方有橫樑，請儘量不要在樑下安排座位，最好是在此處放置公文櫃或做一道隔間牆，這樣就不會浪費空間了。總之，樑下的位置儘量不要放置床、辦公桌和書桌，這是最理想的安排。

＊樑壓座位，會自殺、癲狂或罹患重病。

＊樑壓桌子，會影響前途和升遷。

常見的樑柱問題

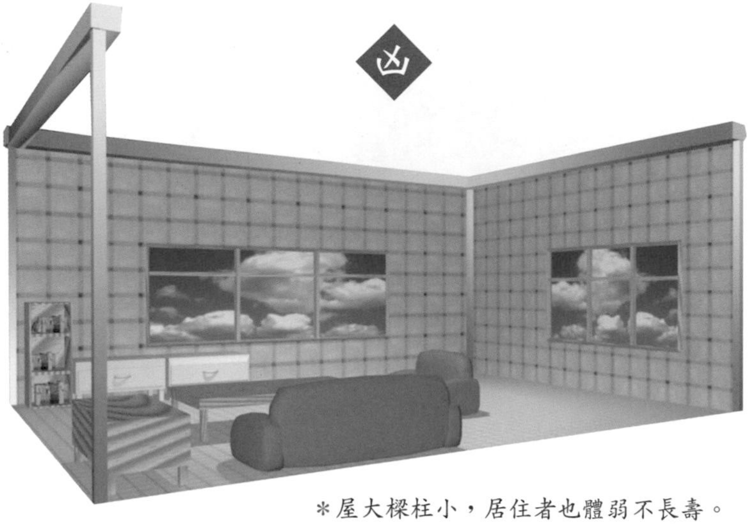

＊屋大樑柱小，居住者也體弱不長壽。

【屋大樑柱小，體弱不經老】

▲這種情形在東南亞地區的房子很常見，像是泰國、越南、柬埔寨一帶的房子，可能蓋到五、六層左右，由於那裡沒有地震、颱風也不多，所以房屋的柱子都很細小，甚至連裡面的鋼筋也綁得很少。你也可以發現，那裡的人身體都不怎麼健壯、而且壽命都不長。

不過，這種情形在台灣就不會發生了。台灣人因為怕地震、颱風，加上台灣的傳統傢俱都很笨重，喜用高級木料，並且做得很厚實，倘若樑柱不夠粗大，樓板會垮下來，所以就不太容易出現類似東南亞國家的這種情形了。

凶

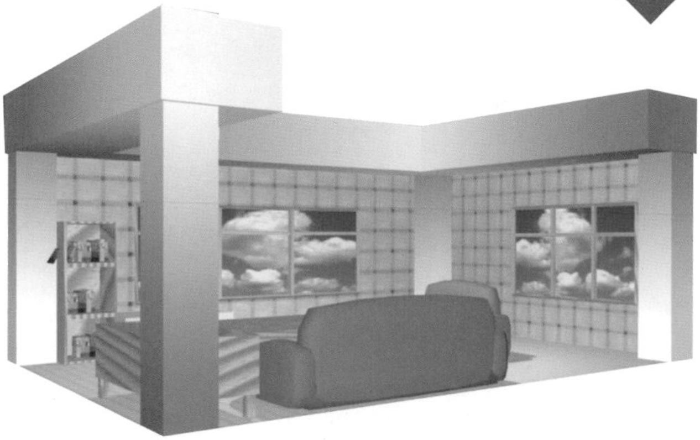

＊屋小樑柱大，居住者身材粗壯而多病。

【屋小樑柱大，臃腫難長壽】

▲房子雖蓋得很小，但樑柱卻做得相對粗大。台灣很多老市區的房子就很容易犯這種毛病，尤其是老房子改建時。由於老市區的房屋坪數本來就不大，又怕地震而將地基挖得深，柱子也因此綁得很粗。樑柱若是太大，住在裡面的人就容易肥胖。你看美國的房子，房屋小小的、樑柱卻很大，所以許多美國人都是肥胖身材。這種房子在歐洲尤其多，像斯洛伐克一帶的建築和中古世紀的房子，樑柱都特別大，當地人也身材臃腫，而現代醫學研究指出，腰圍粗的人會多病。東南亞國家的胖子不多，就是因為他們住的房子樑柱都很小。身材的胖瘦除了可能受飲食、民族體質影響，也和樑柱粗細有關。

風水小常識

樑柱、天花板 V.S.居住者體型

柱等於人的腳，樑等於人的手。

天花板高者，裡面住的人身材也高；天花板低者，裡面住的人身材也矮。

柱粗壯者，裡面住的人身材也粗壯；柱細小者，裡面住的人身材也瘦弱。

凶

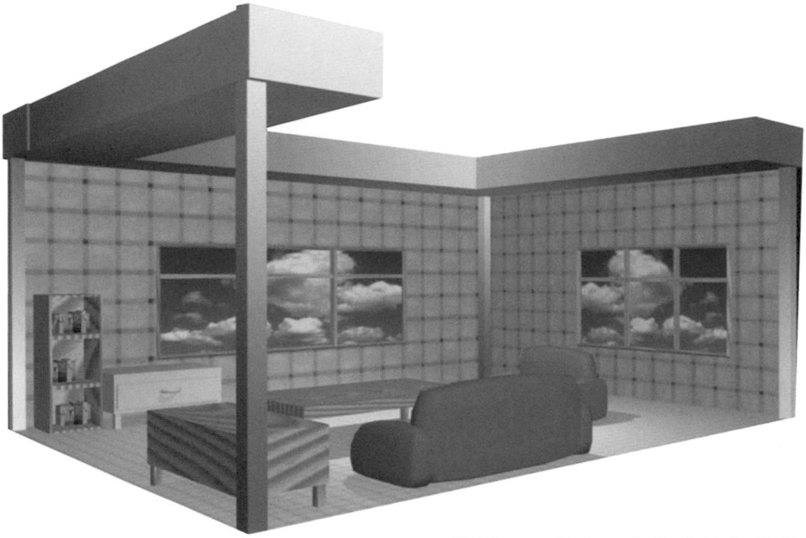

＊橫樑比立柱大，會使房屋與家業傾倒。

【樑大柱小，家業傾倒】

▲這是指橫樑比立柱還要大上許多。柱子是直的，而樑是橫的，直立的柱子代表天地，決定屋子的高低；樑代表東西南北，決定房子的方位與座向。如果樑太大，柱子就會被壓得很低，導致家業傾倒；房子也會因為結構不穩，而很容易倒塌。此外，樑大柱小造成的結果就是天花板會太低，如果再加個裝飾的線版，天花板就變得更低了，而現在很多大廈都是蓋成這樣。所以，天花板太低的房子不能當商場，會容易倒塌。

高層建築的樑柱問題

在都會區有很多建築，為了減省空間、又要顧及不能蓋太高的建蔽率法規問題，建商於是想出偷天換日的辦法：把每一層樓的高度壓低。但要這樣做，樑又不能偷工減料，所以房子最後蓋起來，就會變成樑柱在窄小的空間裡顯得特別大。

此外，台灣的消防法規明定，十樓以上必須在天花板加裝消防噴水孔，高層建築為了遮住噴水孔與管線，大多會加裝天花板，而天花板一隔起來就變得更低了，幾乎伸手就摸得到。如果把辦公室設在這種大樓裡，三年內公司差不多就要關門大吉；在裡面活動的人，身體也會不好。這是因為天花板太低，屋內的空氣容量就相對降低，加上辦公室通常人多且為密閉空間，長期下來，員工不但精神渙散、身體也變得虛弱。挑高低矮的樓層無論作為住家或辦公室，都不甚理想，因此蓋房子時，別強調要爭取太多樓層。例如一些建商為了要多有兩層樓出售，就硬把十層樓高度蓋成十二層，便會產生這種現象。

【樑小柱大，奴欺主家】

▲柱子很大樑很小，也可能造成樓板的承載力不夠。一般而言，木造房子較易產生這方面的危險；如果是鋼筋水泥的房子，很可能因樓板承載力不夠，導致容易塌陷或樓板產生凹凸。「奴欺主家」的意思，若用於職場，就是指員工會欺負老闆；若用於住家，則是兒女會不聽話，爬到父母頭上。

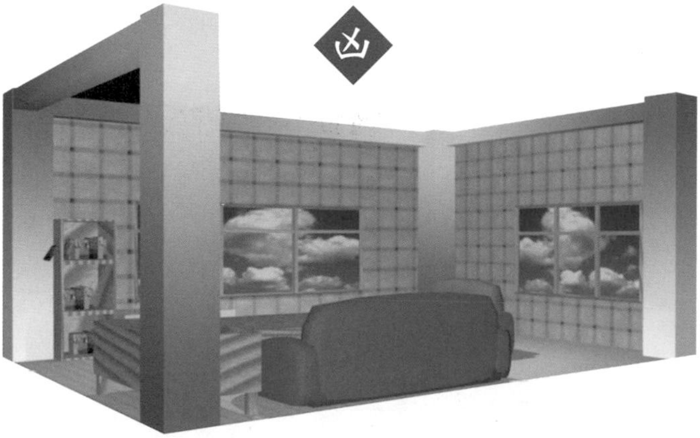

＊樑小柱大，員工欺負老闆，兒女不聽話。

【簷柱水射房，歲歲多刑傷】

▲每間房子都應該儘量在窗戶、陽台落地窗與大門處，加蓋一個「雨披」，也就是屋簷。屋簷的深度應該要超過陽台，這樣下雨天時，雨水才不會濺進室內；如果屋簷太短，雨水會潑濺進來，這就是「水射房」，將造成「歲歲多刑傷」，住這種房子的人會眼睛不好，經常被人欺負到哭。

此外，要是巷弄太窄，使得屋與屋之間的距離太近，而對方的屋簷很長，以致雨水會滴濺到你家的屋簷，這也是「水射房」。

＊屋簷太短造成水射房，眼睛會不好。

＊巷弄太窄而兩屋過近，也會導致水射房。

＊樑柱斷裂若只是取巧補強，一旦房屋倒塌，家業也隨之傾倒。

【棟折斜樹撐，家業不長亨】

▲一棟房子若是因地震或地層下陷等因素，而造成柱子出現斷裂的現象，請儘快打掉整間房子、重新建蓋！

台灣有很多房子，在歷經幾次大地震後，樑柱出現了斷裂情形，而有些人家為了省錢或省事，就用了一些補強的方法，在樑柱旁邊加建「倍力柱」或「倍力墻」❷來補強；這樣的做法其實很糟糕，因為房屋若就此倒塌，家業也會跟著傾倒。住這樣的房子會敗家，也代表你很快就要家破人亡。

小註解

❷「倍力柱」或「倍力牆」是工程專有名詞，意指用一根輔助的柱子，從倒下的那邊撐住這面牆。

【樑柱蟲蛀空，牙痛及耳聾】

＊海砂屋或劣質木料，會影響居住者的身體健康。

▲「樑柱蟲蛀空」，就是指海砂屋等偷空減料的房子；以前的木造房子用料不好，也會發生這種情形。蓋木屋應該使用檜木、杉樹、柏樹之類的好木料；如果用苦苓樹、桉樹（尤加利樹）、橡樹、樺樹、山毛欅❸等很差的木材來蓋，房子日後就會腐爛蛀蟲。若是以這類木料來做樑柱，也很容易腐壞、生白蟻；住在這種房子裡的人，則會骨頭痠痛、耳聾或蛀牙（牙痛）。

如果是現代RC（鋼筋混凝土）結構，而採用海砂、生銹的腐朽鋼筋，或是施工時偷工減料，如水泥加得不夠等，這些劣質的RC建築，本身的氣也會比較浮散，使居住者身體欠佳。

小註解

❸山毛櫸和櫸木不同，櫸木是高級木材，山毛櫸就是樺樹，是很差的木料。

＊樑柱裂開，代表這家人即將敗壞。

【屋柱攝無口，賣盡田地走】

▲「屋柱攝無口」的意思，就是指柱子不要開花。所謂的柱子開花，在以前是指木頭柱子裂掉；而現今的鋼筋混凝土的柱子若是斷裂，也一樣是柱子開花。屋子的樑柱會裂開，也就是住在裡面的這家人即將敗壞的徵兆

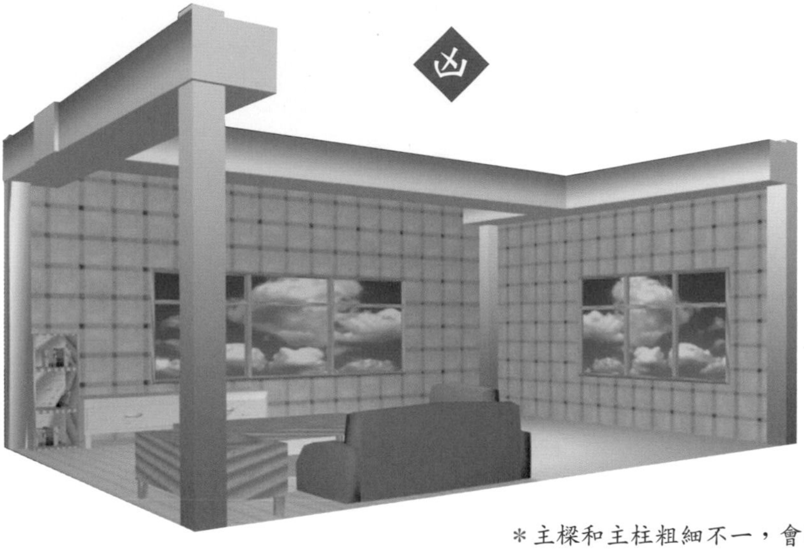

＊主樑和主柱粗細不一，會坎坷不安。

【樑柱有粗細，賣田又賣地】

▲一間房子通常都會有幾根橫向或縱向的樑，而這裡所說的「樑柱」，是指建物的主樑和主柱。這也就是說，主要的支撐結構不能有粗有細、或忽大忽小。

以地基來論，建築物的邊界會有幾根柱子，這幾根柱子的粗細必須相同；一棟房子內（例如公寓的某一層住户）四個角落的主柱，也不能粗細不一，否則住到這種房子就會坎坷不安，最後落入賣田又賣地的地步。這裡所說的「樑」，也是指沿著建築物外圍（外牆四周）的主樑，同樣地，橫向的主樑也不能粗細不一。

外牆的樑與柱，也就是房子的「四綱」、「四維」，綱指的就是樑，維則是柱；這「四綱」、「四維」不能有粗細，其他像是內部的樑或柱就無妨。

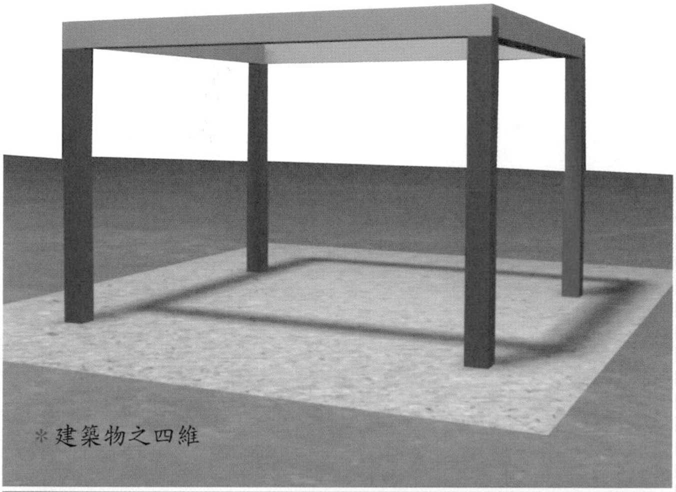

＊建築物之四維

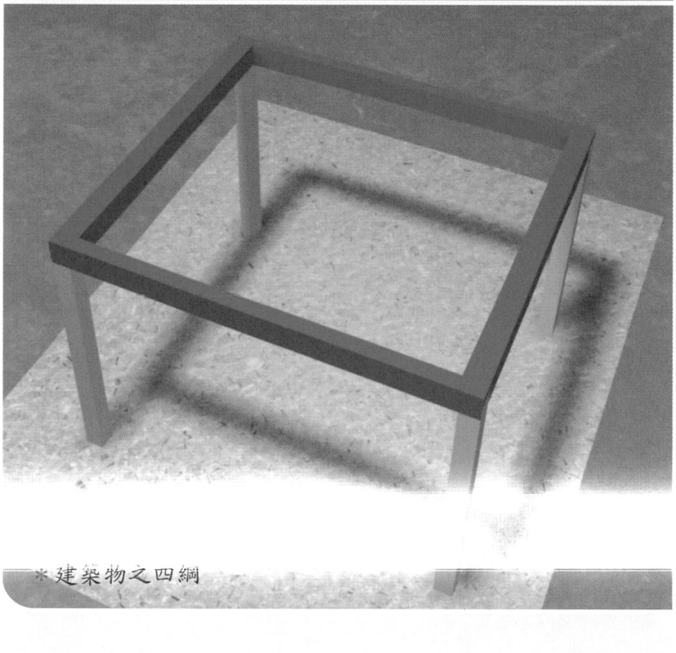

＊建築物之四綱

＊門柱雕龍刻鳳，並非吉祥裝飾。

【宅柱雕猛獸，無福可消受】

▲「宅柱雕猛獸」，就是指有些人喜歡在家裡用些獅子、大象或龍的雕像作為裝飾，尤其是在大門旁的兩根柱子雕上這類圖像，其實這樣真的很不好！如此氣派的裝飾，只有當大官的才可以做；但話又說回來，在今天的民主時代，就算當官者也要力求平民化，除非你家是開大廟的，否則幹嘛弄這些裝飾呢？

至於「無福可消受」，則是指你沒有這福氣，卻把家裡裝潢得如大廟般富麗堂皇，所以你家很快就會變得和廟一樣——你很快就要被人祭拜，也就是提早離開人世啦！

＊柱頂做斗拱，會使家人感情四分五裂。

【宅柱做斗拱，離散不相逢】

▲斗拱是中國木造建築特有結構，用以分散屋頂的壓力。古時候，一般住家的屋頂哪會大到需要使用斗拱呢？通常只有大豪宅才會在柱頂做斗拱，一方面用以分攤大屋頂的重力，也可藉機在斗拱上大做文章，以炫耀財力。

現在一般建築多為鋼筋水泥蓋成，斗拱已無用武之地，如果會出現，也只是作為裝飾造型之用。其實，做這樣無謂的裝飾並不妥，一家人感情會四分五裂，也就是所謂的「離散不相逢」。

【樑柱露外壁，骨疾痛難醫】

▲這種情形多是出現於木造房子，意指建築物四面外牆看得到橫樑與柱子。現在以鋼筋水泥蓋成的房子，鋼筋樑柱通常不會露出來，會外露多半是自建的房子想要擴建，所以建築物四周外牆露出了橫樑；或是想要往上搭建，所以頂樓竟有柱子突出。住這樣的房子容易手腳受傷，像是經常割傷、扭傷，因為這種格局就像是一個人骨折、扭傷之後，骨頭刺穿皮膚的樣子。

＊建物外牆可見樑柱，會使人手腳受傷。

凶

＊建物頂樓有柱子突出，就像骨頭刺穿皮膚。

【第八章】樓梯

樓梯，就如同人向上的途徑，
一棟房子的樓梯做得好，
裡面的人就會步步高升；
做得不好，人的前途就會坎坷崎嶇。

理想的樓梯階數，陰宅與陽宅有所不同。
所謂奇數爲陽，偶數爲陰；
陽宅的台階一定爲奇數，只有陰宅或陰廟才會做成偶數。
除了階梯總數，其他樓梯問題也必須注意，
例如樓梯要有靠、不要置於屋內正中央，踏板也不可懸空；
梯階太陡、太高、太寬、太窄，
不僅妨礙行走或破壞空間美感，
也會敗氣傷身，影響子孫發展、導致貧困勞頓；
其他如樓梯的不良採光、造型或所在位置，都可能造成傷害。

本章將介紹常見的樓梯問題和正確的改善方法，
以避免因樓梯空間設計不當，
妨礙事業運途和身心健康。

樓梯的階數

樓梯，就如同人向上的途徑，所以一棟房子的樓梯如果做得好，裡面的人就會步步高升；若是做不好，裡面的人就會坎坷不平安。而樓梯的階數，也是陰陽宅風水格局中必須考慮的一環。

▼陽宅階數，必爲奇數▲

理想的樓梯階數，陰宅與陽宅有所不同。所謂奇數爲陽，偶數爲陰；陰歸陰，陽歸陽，陽宅的台階一定爲奇數，只有陰宅才會做成偶數。

有些建在山坡上的墓園，不是也會有些階梯嗎？你可以仔細觀察一下，墓園裡的台階必爲偶數。此外，像是祠堂、土地公廟、城隍廟這類祭拜陰神的陰廟，裡面的階梯也必爲偶數；至於祭拜陽神的寺廟，階梯則爲奇數。

＊樓梯有如人向上的途徑；樓梯做得好，人才會步步高升。

▼樓梯階數計算法▲

地板與樓板這個平面不算，樓梯階數要從此段階梯的第一階開始算起，一直算到你抵達的樓層地板爲止。

實例一

我家公寓的樓梯間，每段階梯都有九個台階，如果從一樓算到五樓，必須要爬四個樓層，總共是八段階梯，合計爲：

$$9 \times (2 \times 4) = 72$$（階）

- 9：每個階梯有9個台階
- 2：每個樓層有2段階梯
- 4：需爬4個樓層

但從馬路進入大門後，地面又漸次高起三個平面，所以還要再加上三階，這樣總共就有75階。住公寓住宅或集合式大樓的住戶，公共樓梯的階數，只要算到你家所在的樓層即可：

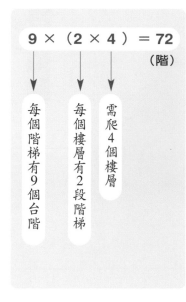

$3 + 72 = 75$（階）

- 72：樓梯間共要爬72階
- 3：一樓穿堂高起的3個平面

實例二

如同前例，我家住的公寓每層樓有兩段階梯，每段有九個台階；而我住在四樓的話，只要算到四樓就行了。也就是說，公寓大門進來先有三階（三個平面），再加上我要經過一、二、三樓才可抵達家門口，所以樓梯階數的計算法應爲：

$3 + (9 \times 2 \times 3) = 3 + 54 = 57$（階）

- 3：一樓穿堂高起的3個平面
- 9：每段階梯有9個台階
- 2：每個樓層有2段階梯
- 3：需爬3個樓層

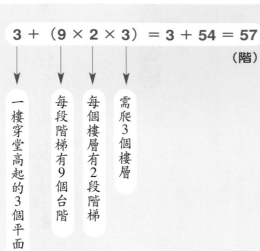

常見的樓梯問題

【梯階成偶，號為陰樓】

▲「陰樓」，指的就是公媽（祖先）較不靈驗，這是因為家裡陰氣旺、神明進不來，導致他們無法保佑這個家。而且也因為家裡的陰氣旺，所以女人會當家，這代表家中的女性發展較好，男性則較差。加上陰氣重的關係，家裡的人也會比較陰陽怪氣。

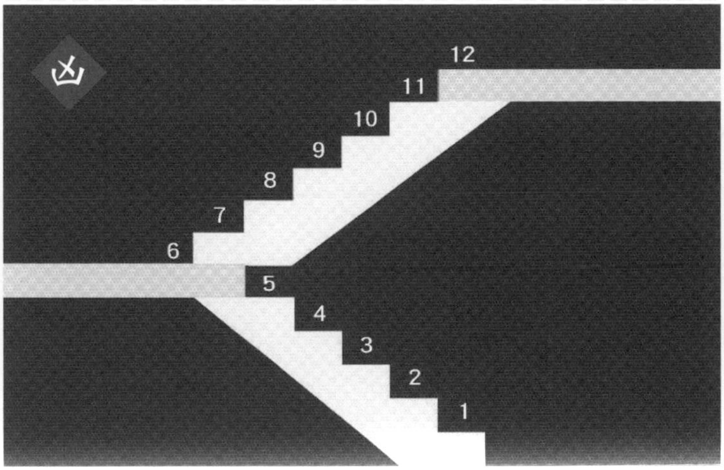

＊階梯數若為偶數，家裡陰氣旺，神明進不來。

＊樓梯踏板下方懸空，代表不會腳踏實地。　＊直梯沒有靠牆，做事會虎頭蛇尾。

【樓梯居中，不死則傷】

▲「居中」是指樓梯四周沒有牆壁（沒有靠）。這就像是一條龍想要飛上天，結果尾巴掉在地上，飛不上去的樣子。這種風水會讓事業「拖尾」（台語），做事情就會虎頭蛇尾。

樓梯或柱子若位於房屋的正中央，而且從屋內各角落都能看到它，這樣全家人都會罹患心臟病，成為「頂心煞」。所以若是不做樓梯間，至少也要砌牆讓樓梯靠著，千萬不可前後左右都沒有遮掩，就只有這麼一道直梯或螺旋梯。此外，樓梯踏板的下方也不可懸空，這代表不會腳踏實地。

＊樓梯陡斜，孩子會較兇悍而走上險途。

【樓梯太陡，險途遊走】

▲住家樓梯太陡，家裡會出壞孩子，也就是小孩較兇悍，長大後會出現暴力犯罪或從事一些大成大敗的行業，如同走險路一般。一旦賺錢，這輩子都不愁吃穿；但倘若賠錢，也會把整輩子都賠了下去。

【梯階過高，貧困虛勞】

▲「梯階」就是每一層台階的高度。如果樓梯的梯階太高，人就會住得不平安、越住越窮，所以住這裡的人常常在賣房子。這種過高、陡峭的樓梯並不符合人體工學，讓人走得很辛苦，長久下來會對身體有所妨害，使心肺機能變差而導致虛勞。

此外，會建造這麼陡斜的樓梯，多半是因為房子的縱深不夠，以致每個台階的高度過高，而縱深不夠的房子，住起來當然會導致貧困勞頓（請參考《吳教授開運陽宅》243頁「偽土形」房屋）。

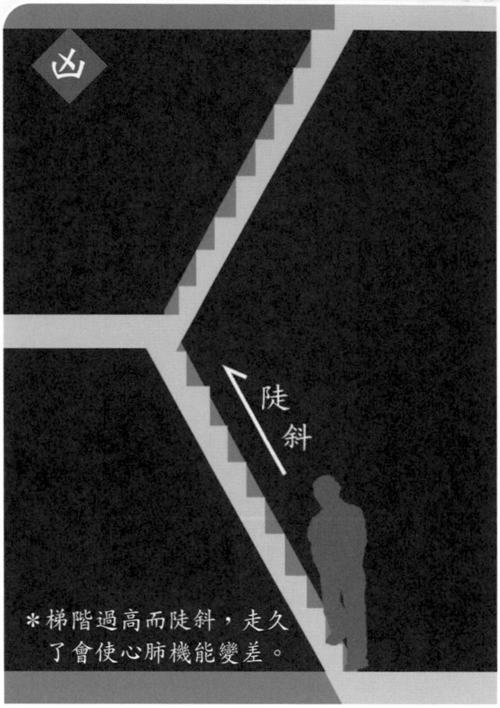

*梯階過高而陡斜，走久了會使心肺機能變差。

＊公用樓梯面寬過大，會敗氣、有任人踐踏之意。

【梯階過寬，主人替換】

＊大樓的梯階面寬

▲許多集團辦公大樓或公家機關行政大樓，也許為了顯現氣派、或是每日進出的人很多，會刻意將大廳裡的樓梯做得寬一些。但樓梯也不能太寬，其面寬必須視該棟建築或一樓大廳的大小而定，在整個空間中的比例不能佔太多，最起碼要低於大廳面寬六分之一。例如一樓大廳的面寬是二十四米，通往二樓的樓梯面寬若佔四米以上就太大了。

＊住宅的梯階面寬

以住家來說，無論家裡多寬敞，梯階面寬都不可太大。最寬不要超過三米六（一丈二）；一般來說，一米多、不滿兩米的寬度最為適宜。

為何梯階的面寬過大，也會傷害屋主呢？首先，過寬的樓梯會敗掉家裡的氣；其次，梯階面寬太寬也等於是任人踐踏之意。因為樓梯也是公共空間的一種，樓梯太大，等於是公共空間侵佔到私人領域。而比例過大的樓梯，不但佔據空間、也會破壞房子的整體美感。

【梯階過窄，遭人暗害】

▲樓梯面寬就算再窄，至少也要能讓兩人擦肩而過並通行無阻。一個人的肩膀約是四十公分寬，所以樓梯面寬最起碼要和房門門片寬度相同，以兩呎八（約為八十四公分）為基準。而房間門片的寬度約兩呎八，大門寬度則為三呎八以上——大門不可太小，否則會有口難言。

樓梯間太窄小，住在這棟房子裡的人會經常被人陷害或設圈套，像是常常在外有功卻不得賞，不是被人冒功、就是奪去功勞。也就是說，家裡樓梯太小，就會前途坎坷。

＊梯階過窄，會使人常被陷害或設圈套。

【梯間多折，前途崎嶇】

▲一般來講，樓梯間每層樓最多轉兩次彎（三道階梯），有些則做到三次；不過通常都是直直上來、再轉個直角的轉彎就好了，亦即每層樓由兩段階梯銜接而成，就是最好的設計。最糟糕的就是螺旋梯，因為轉彎次數最多，每兩、三階就是一個彎折。

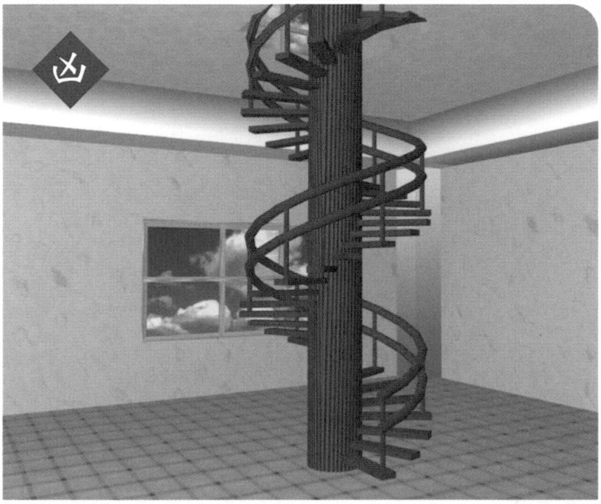

＊螺旋梯多轉折，使人的前途也波折多變。

樓梯有太多個轉彎（像螺旋梯那樣不斷變換角度），若要爬很多層時，往往會因為轉來轉去而頭暈腦脹。之前已說過，樓梯就像是人向上的途徑，樓梯轉來轉去，在裡面的人也會變得前途波折多變。

水小常識

螺旋梯的踏板深度不夠，腳下容易踩空；而且一旦摔倒，往往就是重傷，這是因為螺旋梯都是垂直豎立，只要跌倒就會一直滾下去，輕則骨折、重則死亡。而如果是一般直向的樓梯，就算不慎在某一階跌下來了，頂多也只摔那麼一截，充其量只是重傷。

【梯間陰暗，多遭賊算】

＊樓梯最底層轉折處太低

▲樓梯間會陰暗，大都是因為樓梯轉折之處太低，例如只做五個台階就轉成平台，造成樓梯下方出現一個很暗的畸零空間，而無法整理。如果住家內部的樓梯間最底層有這種死角，只要把它改裝成衣櫃或儲藏室即可。如果這個陰暗的畸零空間過小，也不用特意裝燈，只要封起來就行了。有些人不知道這個道理，而任由樓梯下的陰暗空間閒置，清理既不方便、又會造成死角。

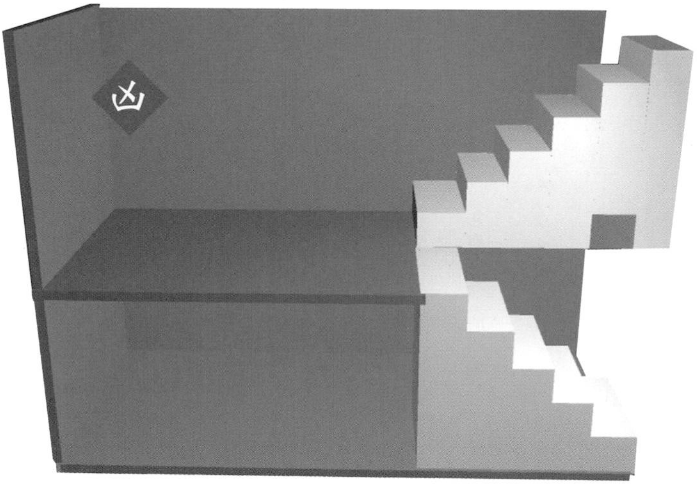

＊樓梯底層轉折處太低，易造成陰暗死角。

＊樓梯位於沒有採光處

樓梯位於沒有採光處，也是「梯間陰暗」，例如很多老舊街屋的樓梯，從一樓騎樓直直往上，左右都沒有採光。樓梯間一定要採光，很多公寓房子因為沒有這樣做，導致空間陰暗，就算小偷來了，住戶都不知道。

＊樓梯設於大樓內部中央

很多辦公大樓將樓梯間設於內部中央，而沒有天然光源，這也是「梯間陰暗」，但只要多加幾盞較亮的燈、多裝幾面鏡子，就能化解。

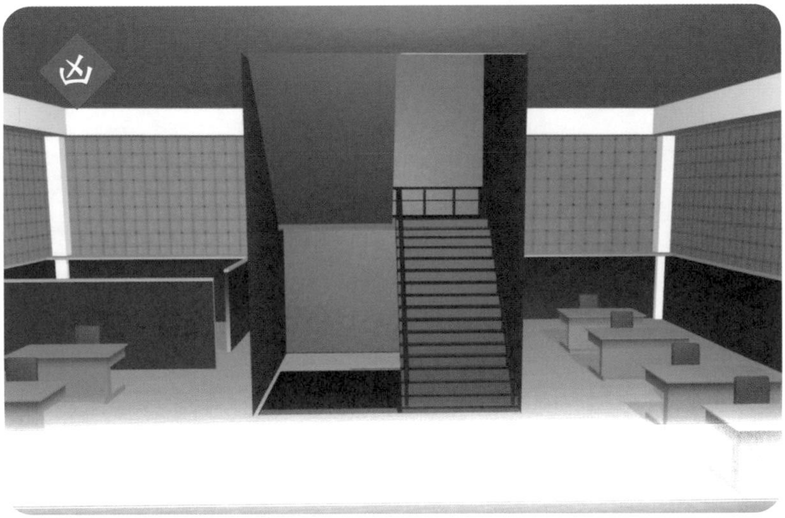

＊樓梯位於沒有採光處，容易遭小偷。

＊梯在樑下，會莫名其妙被欺壓、受氣。

【梯在樑下，受人欺壓】

▲如果樓梯上方剛好有一根橫樑通過，下樓梯時，往往一不小心就會撞到頭部，這就稱為「梯在樑下」。樑是一種壓力，所以這樣的風水常會讓你莫名其妙地受氣，不是別人帶給你壓力、就是自己心裡會自動產生壓力。

【梯階不齊，前途崎嶇】

▲梯階的高度，除了第一階或最上方的最後一階可以稍長或稍短，其他各階則務必要等高。如果梯階不齊，裡面的人就會前途崎嶇。

如果爬一、兩階都是一樣高度，然後梯階的高度就突然縮短，爬這種樓梯會容易腳痠、呼吸也不好調順。從另一方面來說，這樓梯就像是你人生踩出去的每一步路，如果樓梯高高低低，前途也會崎嶇不平。

＊樓梯高高低低，人的前途也會崎嶇不平。

【房內藏暗梯，夫妻心各異】

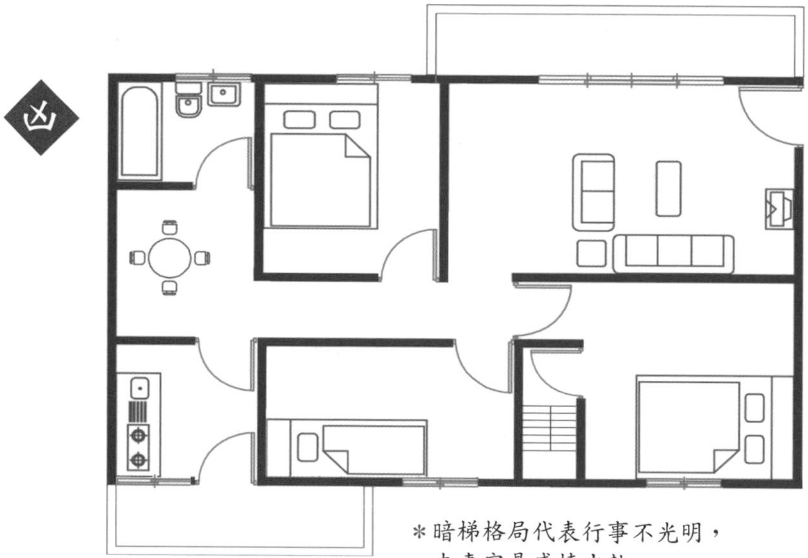

＊暗梯格局代表行事不光明，
夫妻容易感情出軌。

▲所謂的「暗梯」，就是那種出入口設於房間的樓梯。會出現這種奇怪的格局，通常都是因為這家人原本住在這棟公寓的某層樓，後來又向鄰居購買樓上或樓下的單位，再把兩層樓打通。有的人把兩層併為一戶時，不太懂得如何規劃，結果就把樓梯設在房內，卻又捨不得把這個房間當作公共場所。

這種格局，會讓屋主夫妻都容易發生感情不軌。我曾看過一戶人家就有這種暗梯，結果女主人出軌，男主人後來也在外面亂搞，到大陸經商後就不回台灣了。這是出自氣的問題，有暗梯就像每個人隨時都可以溜出去，有種不太光明正大的感覺。樓梯是公共出入口，就應位在公共區域內，像是樓梯間或靠在客廳角落的牆上，怎能跑到房間裡去呢？這代表行事不光明。

＊堂門正沖對樓梯，要注意車禍、官司和重病。

【堂門正沖對樓梯，如同路沖犯大忌】

▲這是指一棟房子的客廳或大門，剛好沖到別人家的樓梯間。這種情形等同於路沖，因為樓梯是走路的地方，所以被另一棟房子的樓梯對到的房子，可說是遇到「小路沖」——負面影響與路沖相同，但程度沒有那麼嚴重。家中若有這種情形，就要注意車禍、官司和重大疾病的發生。

風水小故事

如何化解暗梯格局？

以前的中華電信某高階主管，就是買了這種樓上樓下打通的房子。他們不曉得該把串連兩樓層的樓梯擺哪裡，後來發現最佳的位置，就是在他的書房往下把樓梯打到樓下的一間小孩房。他太太當時把平面圖拿給我看，我一看他們竟然在家裡做了「暗梯」，就建議他們更改格局，把樓梯挪到原是廚房的位置，然後再打掉另一個房間，重新設計作為廚房。這樣就避掉了將樓梯出入口設於房內的「暗梯」格局。

廁所和廚房都代表家裡的財位；
廚房是正財，廁所是偏財、亦即多賺的外快。
廁所安得好，就常有額外的「偏財運」；
安得不好則會破財，這是因空間裡的氣不通而危害健康，
也就沒有精神和體力去賺偏財。
而廁所影響到的器官，包括脾、腎、腸、肛門、腰部、膝蓋和腳等。

廁所既和財運、健康息息相關，
它的所在位置、以及和其他空間的相對關係，也顯得格外重要。
例如廁所不能設於房屋中央或陰暗樓梯間，
否則會通風不良，排不出穢氣和濕氣，損傷脾腎機能；
廁所也嚴禁和廚房共用一門或兩門相對；
將使氣場混亂、體況欠佳，導致子孫不賢、難生後代。

本章將解析不良的廁所格局及其負面影響，
以幫助大家固守這個關鍵財位、維護重要器官的健康。

【第九章】

廁所

廁所是偏財

廁所也是一種財位

廁所跟廚房一樣，代表家裡的財位；廚房是正財，廁所是偏財。灶，代表固定薪水，是一種源源不斷的財源；至於廁所則屬偏財，是額外的收入，也就是所謂的「外快」。例如上班族除了正職之外，還有其他工作機會賺取報酬，這就是外快；買股票、買基金賺了錢，也是外快；只要在正常收入之外賺取的報酬，就是外快。

所以，灶如果安得不對，也就代表財源不穩，意味著沒有固定工作，家裡存不了錢；廁所如果安得好，則會常有一些額外收入，也就是俗稱的「偏財運」。

廁所安得不好會破財

廁所若安得不好，則會破財。之所以會破財，是因爲身體不健康；而身體不健康，則是因爲氣不通。廁所與廚房都關係到人體健康，廚房主要與肺、胃等上半身器官的運作有關；廁所則會影響下半身的健康，像是腎、大腸、直腸、肛門，以及腰部、膝蓋與腳等部位。

常見的廁所問題

【廁所安門口，滿門出愚痴】

▲廁所安在大門口附近，稱為「滿門出愚痴」。現在有很多公寓或住宅大樓，就是這樣規劃格局——一進門，左右先配置廁所與廚房，再進去為客廳，最裡面才是臥房。住到這種房子，不是會生下智障兒，就是孩子會比較蠢笨。

凶

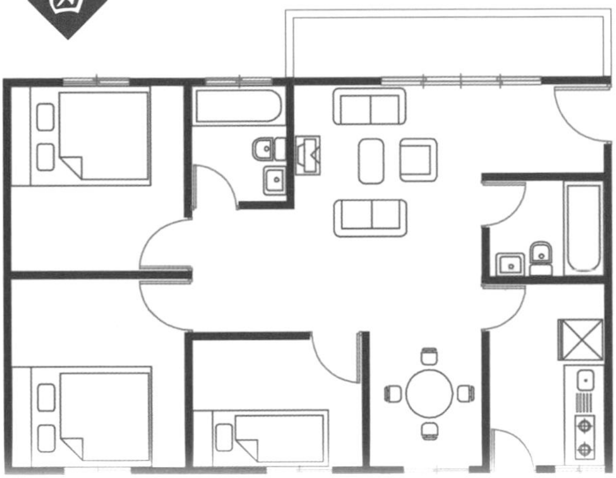

＊廁所設在進門處，生下來的孩子會比較蠢笨。

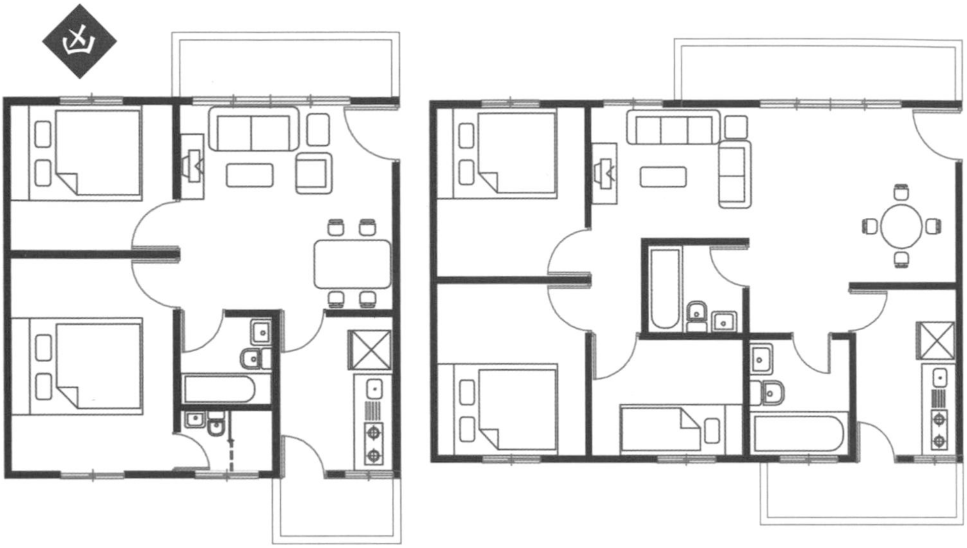

＊廁屎居中，排不出的穢氣和濕氣會損害健康。

【廁屎居中，不死則傷】

▲廚房、樓梯和廁所（衛浴間）都不能設在屋子的正中央，因為這種配置將會破壞整戶的格局，也會影響屋內的動線，以致很難恰當地規劃其他空間。此外，這樣的安排也不合乎衛生標準。

在這三者內，尤以廁所居中最為糟糕。廁所是散發穢氣與溼氣之處，若位於房屋中央，穢氣與溼氣就會往四處擴散，導致房子潮濕又帶有異味。而且，廁所因位於房屋中央而不見天日，缺少對外的窗戶以提供空氣對流，就永遠不會乾燥；當溼氣與穢氣瀰漫整個空間，也就容易孳生細菌，造成身體機能衰退。身體不好，當然就不會聚財，更沒有體力去賺外快！

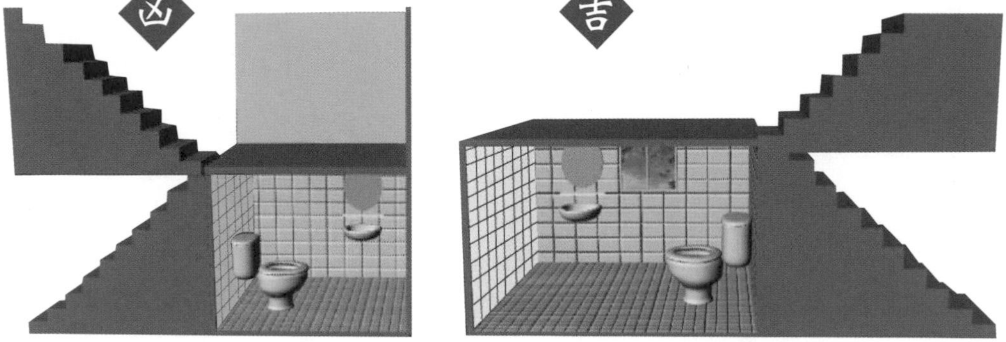

＊樓梯間廁所無對外窗（左），將影響腰腎機能；如果是邊間住家有窗户（右）就無妨。

【廁安樓梯下，腰腎腿病痛】

▲現在有很多透天厝，會在樓梯下方利用畸零空間設廁所，這種設計並不妥。樓梯下的空間多半通風較差，散發的溼氣既會破壞樓梯，也會影響居家衛生。廁所的溼氣滲入樓梯內部結構體，無論是樓板、水泥，甚至是鋼筋，都會腐朽而折損；而溼氣排不出去，只有往家裡流竄。如果住家太過潮溼，就會孳生細菌。

此外，這種廁所的穢氣也排不出去，而將散到屋內各角落，廁所裡也總有穢氣累積，實在不太衛生。不過，樓梯下的廁所若有對外的窗户就無妨，如街屋邊間靠外牆的廁所會有對外通風的窗户，就不會發生「廁安樓梯下，腰腎腿病痛」。廁所如果沒有窗户、又設在樓梯下方，住在裡面的人就容易腎臟機能不好、像瘸子般不良於行，腰部或膝蓋也常痠疼、腳痛，走路走不動。

【廁不通風，脾腎虛損】

▲廁所最好要設置一扇對外的窗户，如果無法對外通風，廁所裡的溼氣就會聚積在整間房子裡。濕氣與水有關，而水在五行（五臟）裡主腎，所以住到廁所不通風的房子，通常也會罹患腎臟方面的疾病。

腎如果不健康，就會連帶影響脾臟，這是因為脾屬土，土（脾臟）剋不了水（腎臟），水若臭掉或水勢太大，就會造成土壤流失。在脾剋不了腎的狀況下，最後就導致脾和腎同時受損，而演變成糖尿病和腎臟病。

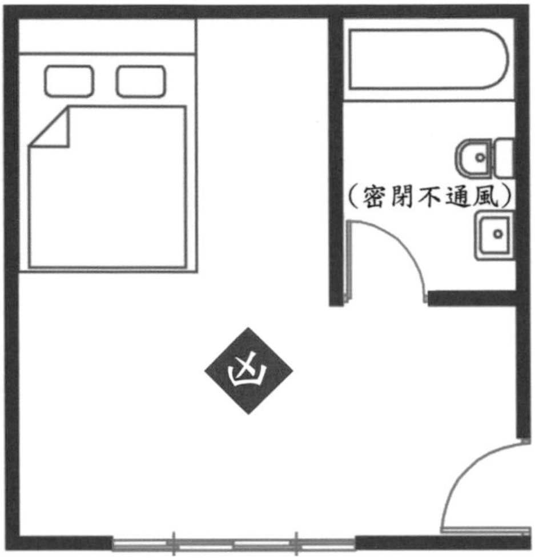

＊廁所不通風會累積濕氣，造成脾腎虛損。

風水小常識

洗腎和廁所格局有關？

我認為，現代人洗腎和目前的住家形式很有關連；以前很少有人需要洗腎，這是因為傳統住家都把廁所設在外面。因此，我建議罹患糖尿病、腎臟病的人，除了求助醫療系統，也應該要改善你家的廁所，只要廁所一通風，保證你的脾腎症狀就會減輕許多。

風水小常識

改善廁所通風的方法

● 儘量對外開窗

儘量買邊間的房子，而且最忌諱買到「偽木形」房子（很長的街屋又夾在中間；請參考《吳教授開運陽宅》242 頁），住這種房子可能造成「廁不通風，脾腎虛損」。如果街屋為邊間，則能避開廁所無對外窗戶的問題。

我也建議建商蓋房子時，如不能蓋獨棟房屋，也請儘量蓋雙拼，避免建造整排的連棟公寓或透天厝。雙拼的房子從上方可直接採光、通風；連棟的整排房子卻只有最左與最右的兩棟（邊間）能採光、通風。

● 門片加上氣窗和百葉

廁所門上方加個氣窗，門片下面則加上透氣的百葉，讓密閉的廁所變得通風；這對改善脾腎疾病雖沒有太大幫助，卻能預防冬天洗澡時一氧化碳中毒的問題。如果廁所用的是一整片密閉式門板，冬天在裡面洗熱水澡，不知不覺就會一氧化碳中毒，這種案例非常多。所以無論如何，上面一定要加氣窗、下面則要加透空的百葉。

● 在牆面上開通風孔

如果你已經買到廁所無法對外開窗戶的房子，唯一能徹底解決的辦法就是：在廁所的某一面牆開鑿三個洞，每個洞直徑約十公分，圓形或方形皆可，然後利用虹吸管原理，讓穢氣透過這三個洞，經由客廳或某個房間排放出去。

為什麼一定要開三個洞呢？我曾做過實驗：只鑿一個洞，穢氣排不出去；鑿兩個洞，則排得很慢；三個洞剛剛好，穢氣不會排得太快或太慢。穢氣排得太快，會使室內（房間或客廳）變得很臭；排得太慢，穢氣還是會累積在廁所裡。所以三個洞剛剛好，能緩慢地排出穢氣，既不會讓屋內充滿臭味，也不會讓廁所累積穢氣。

至於家裡廁所裝設抽風機，是否就能讓穢氣排出呢？其實，抽風機只有設在頂樓時才管用，因為抽風機是將室內空氣往上抽送的，這樣頂樓房子裡的溼氣、穢氣就可以直接排到戶外。至於頂樓以下的樓層，抽風機則無用武之地，因為你家抽完了，樓下住戶的溼氣還是會一直往你家跑，等於是永遠都抽不完的惡性循環。

【廁對房門，耳聾眼盲】

▲廁所對到房間的門，會影響聽力或視力，這也是因為傷到腎的緣故。廁所的穢氣直接跑到對面的房間裡，會造成住在這個房間的人腎臟不好，而腎又與聽力、視力健康息息相關。

＊廁所對到房門，會傷腎而影響聽力、視力。

風水小故事

「廁對房門」的實例

關於「廁對房門」，我有位朋友的住家就是實際案例。有一次我到他家，無意間看到他兒子一眼會動，另一眼則很怪異地呆滯，就問這孩子的眼睛究竟怎麼了，我朋友告訴我，他兒子有一隻眼睛是義眼。我於是說：「你孩子的房間是不是對著廁所？」他很驚異地問我：「你怎麼知道？」我說這是我推論而得的，原來果真如此！後來，那位朋友便因而搬家，換了一間格局較好的房子。

另一個案例的主角則才讀小學二年級，卻已有兩千多度的深度近視，一旦摘掉眼鏡，就什麼也看不到了。這孩子不但近視很深，還有很嚴重的「雞仔目」（夜盲症），只要一到晚上就看不清楚物體，而他的臥房也是房門與廁所門相對。

風水小常識

買房子坪數要夠大

奉勸各位買房子時，務必咬緊牙根買大一點的，至少要有室內實際坪數三十二坪以上，才足夠一家人居住。三十二坪以上的房子才會有真正的三房兩廳，而不至於發生哪個房間沖到廁所、沖到門等沖剋。

現在有很多房子是在賣公設，不是在賣房子！很多人都沒有買房子的經驗，尤其是年輕人，往往被中庭造景、健身房和游泳池所吸引。其實，這些設施你用不到幾次，卻要平白多負擔管理費與公設費用，買這樣的房子，等於是花錢多買了你根本不會用到的公共設施，而這些公設還要算在你家房子的坪數裡。

我曾應朋友之邀，去看內湖某棟豪宅的風水，那棟房子位於一個外觀相當豪華、氣派的社區，房屋權狀為五十四坪，但室內實際坪數才二十六坪。想想看，二十六坪若硬要隔成三房兩廳，窄小的臥房恐怕連床都很難放進去了，何況還要容納書桌或衣櫃？後來我就建議這家人通通打地鋪，因為若要按照一般臥房配置，房門一定會沖到廚房或廁所，或是造成兩間臥房門對門等沖剋。

所以，買房子一開始就要買坪數夠大的，臥房面積才會夠用。而且孩子會長大，到時候也要給他一個空間，所以能購買室內使用坪數四十坪以上的房子更好。最重要的是，房子的實際坪數夠大，就能避掉廁所不通風、廁所對房門、廚房對房門等風水問題，而小房子則是怎麼改都避不掉；我所舉的很多案例，其實問題多半都出在空間太小

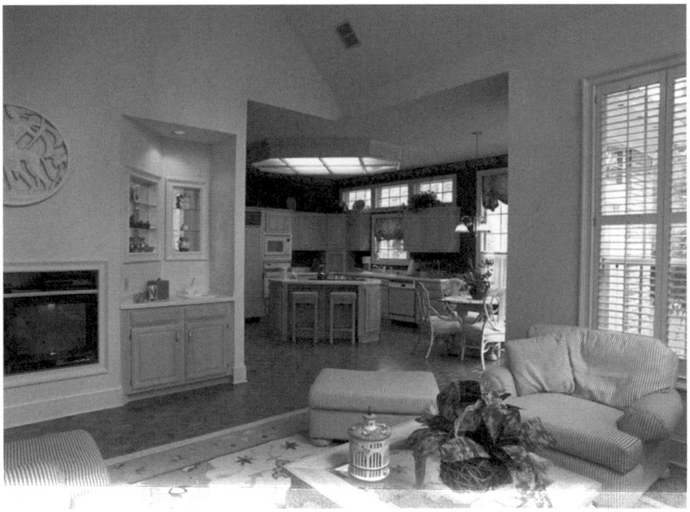

房子坪數要夠大，才能隔出真正的三房兩廳

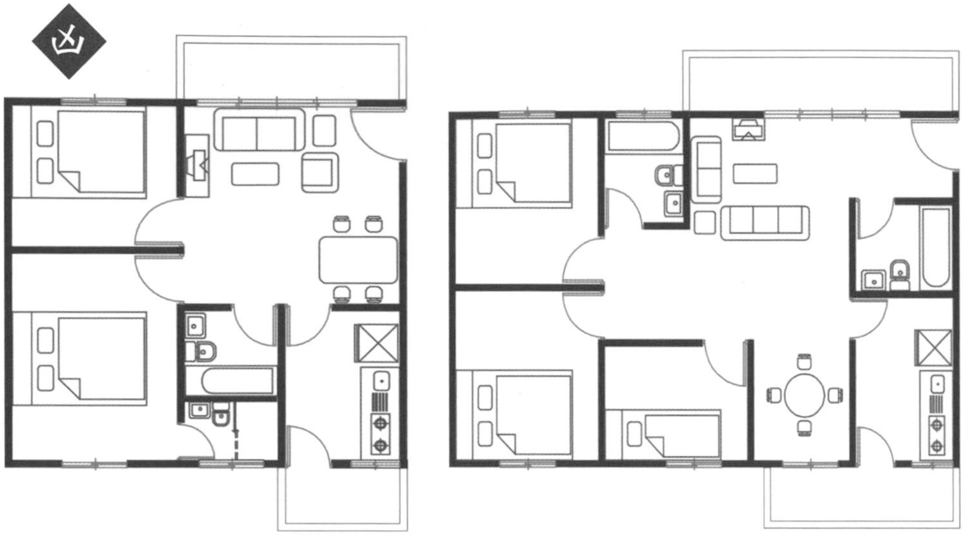

＊一入大門（右）或一進客廳（左）就看到廁所，將會破財。

【入門見廁，耗財虛損】

▲入門見廁，最常見到的就是廁所設在大門口附近。其實，只要是廁所位於視線範圍內，都算是入門見廁。一入大門或進到客廳，最好不要看到廁所，因為廁所是財位，財位不能給外人看到，而要隱藏起來；如果空間較小，則可用屏風或櫃子遮住廁所門。入門看到廁所，就會破財。

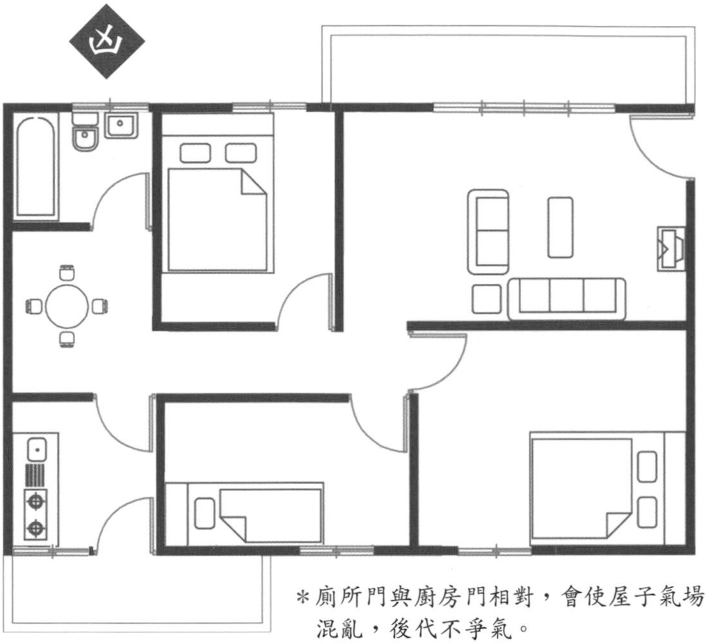

＊廁所門與廚房門相對，會使屋子氣場混亂，後代不爭氣。

【廁對廚門，子孫不賢】

▲廚房與廁所的門相對，住在這種房子裡，孩子會不聰明，不然就是容易養成不良嗜好，以後也沒什麼成就。這是因為廁所對著廚房，形同你把屁股拿到嘴邊，人的屁股和嘴巴怎麼會是同一個口呢？吃的和拉的在一起就不對了，整間屋子的氣場也會跟著混亂，所以後代會不爭氣。

凶

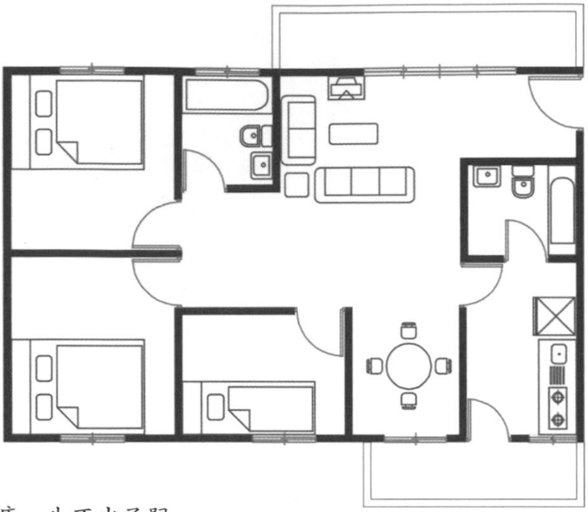

*廚廁同一門，會影響健康，生不出子嗣。

【廁廚同一門，後代絕香煙】

▲「絕香煙」代表沒後代，也就是生不出男孩。多年來的經驗告訴我，事實確是如此，古書也是這麼寫。廁廚同一門，就像是把吃的和拉的裝在同一個袋子裡；想想看，把食物和大便裝在一起，身體怎麼會健康呢？難怪生不出小孩。

而「後代絕香煙」包括有以下幾種情形——

***不會出丁（生不出兒子）**：很奇怪，我看過很多生不出兒子的夫妻，真的就是住在廁廚同一門的房子。

***小孩都不太想婚嫁**：這樣一來，當然就會絕香煙。

***小孩會一直發胖，最後因深感自卑而不敢結婚**：這種情形我看的最多。此外，因家裡廁廚同一門而過胖的人，找工作也不順利。因為財氣不通，自然就欠缺財運；財運不好，工作機會就少。

＊廁所地基較高，容易使人消化不良。

【廁基高亢，病招肝膽】

▲住在這種房子裡，容易罹患肝膽方面的疾病、或經常消化不良。照理說，廁所的地基應該要比家中地板高度稍低一點，以利排水；而廁基之所以高亢，多半是因為改建時挪移廁所位置所致。

由於開挖地板很麻煩，尤其是公寓、大樓，敲打樓板會影響樓下鄰居，所以直接墊高廁所地板，在下方埋設水管就省事多了。然而，這樣就會造成廁所地基變得相對較高，結果住在裡面的人也經常發生消化不良的毛病。這個問題並不是很嚴重，對身體影響並不大，只是消化不良的狀況會特別頻繁而明顯。

【床對廁口，重病折磨】

▲通常只有套房或房子坪數太小，卻硬要在主臥房隔出衛浴間，才會造成這樣的問題。由於房間很小，廁所門怎麼設都會對到床，而造成「床對廁口」。

廁所門口對到床鋪的不同位置，所引發的問題也不相同——

＊對到床頭：睡這張床的人會得腦瘤。

＊對到胸部或腹部：男性會罹患肝癌，女性會得子宮癌、卵巢癌或乳癌等生殖系統癌症。

＊對到床腳：會罹患「陰症」，亦即因潮溼引起的病症，造成腳筋疲軟無力。

所以家中是否需要設置套房，今後建築界與室內設計界也應重新檢討。不過我還是認為，家中至少要設置兩套衛浴或一．五套衛浴（一套衛浴加上一間廁所），才方便大家輪流使用。

凶

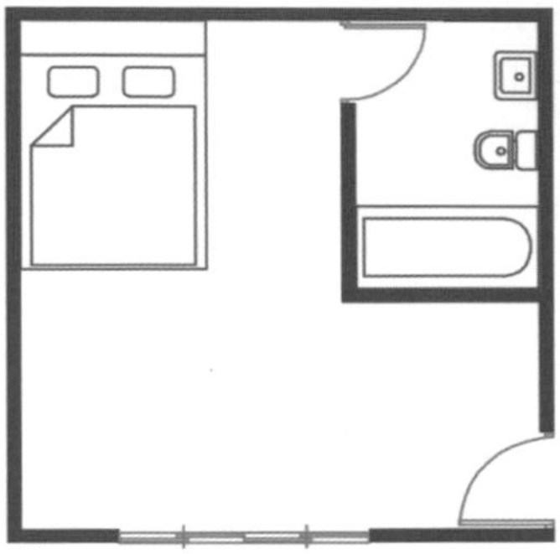

＊廁所門對床頭，會得腦瘤。

＊廁所門對胸腹，會罹患多種癌症。

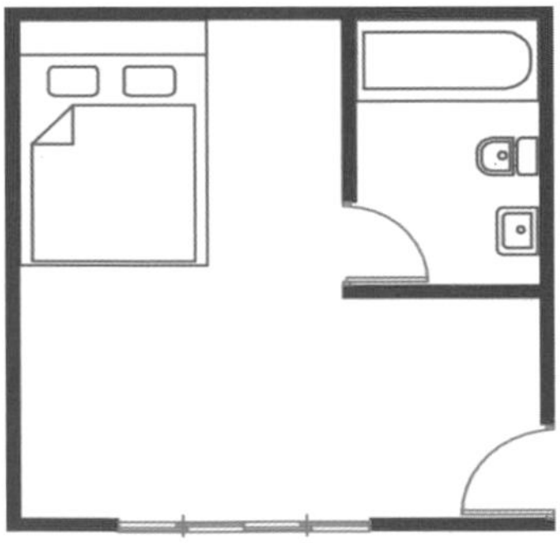

＊廁所門對床腳，會罹患潮濕引起的陰症。

【屋中廁多，腸胃囉嗦】

▲屋裡如果廁所太多，腸胃就會很「囉嗦」，也就是經常拉肚子。

凶

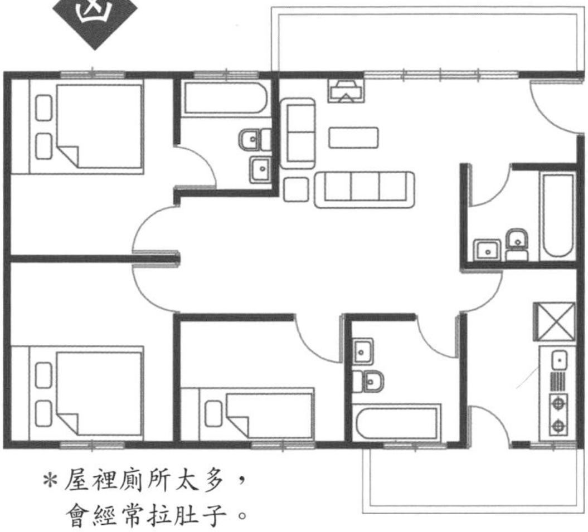

＊屋裡廁所太多，會經常拉肚子。

風水小故事

「屋中廁多」的實例

嘉義縣某戶人家的屋主請我去他家看風水，我一看到房子就對屋主說，你們一家人腸胃都不太好，他連忙點頭說：「往往一吃東西就拉肚子了。你怎麼知道？」我說：「你家廁所太多啦！」原來這戶鄉下人家是兩樓半的透天厝，約有十來間臥房，而且每一間都是套房。我問屋主：「你怎麼會這樣蓋房子呢？」他說是因為孩子大了以後，回老家往往會帶著朋友，這樣蓋比較方便孩子招待朋友。

但是，現在他的孩子都各自成家立業了，一年能回老家幾次呢？我於是勸他打掉重蓋。其實屋子大一點無妨，但這屋主的房子未免也太大了，每一層都有六十坪以上，每層有四間臥房、而且每間都有廁所，即使蓋成這樣，空間還是綽綽有餘。這戶屋主的兒女各自成家後，不時還會帶著孫子回老家；但等到所有孫子都去外地讀書，兒孫就很少回來了，這對老夫妻守著十來間套房，每一間都沒人使用，我建議他乾脆開民宿吧！

如果家裡不是開旅館的，廁所就不要設那麼多間。一般來說，每層樓只要有一間公用廁所就夠了，哪裡需要每個房間都設置廁所呢？

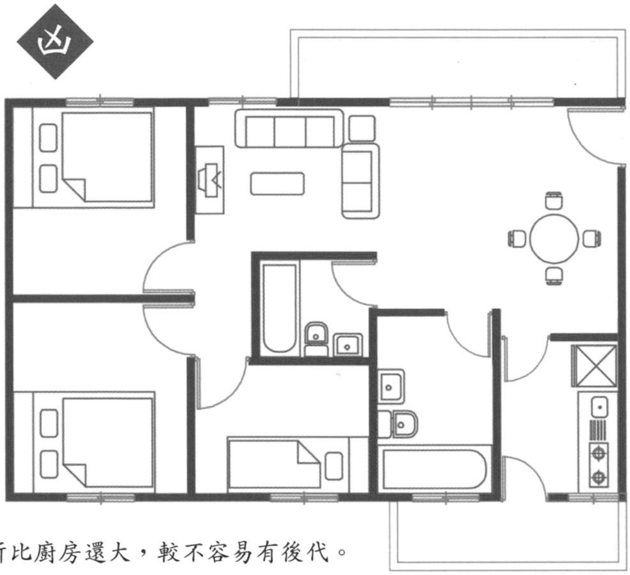

＊廁所比廚房還大，較不容易有後代。

【廁大於廚，晚得子嗣】

▲「廁大於廚」也是不合理的格局，這等於是指你的屁股比你的嘴巴還要大，所以拉的比吃的多，而導致身體虛弱，還要怎麼生小孩呢？所以會晚得子嗣，較不容易有後代。

#【第十章】顏色

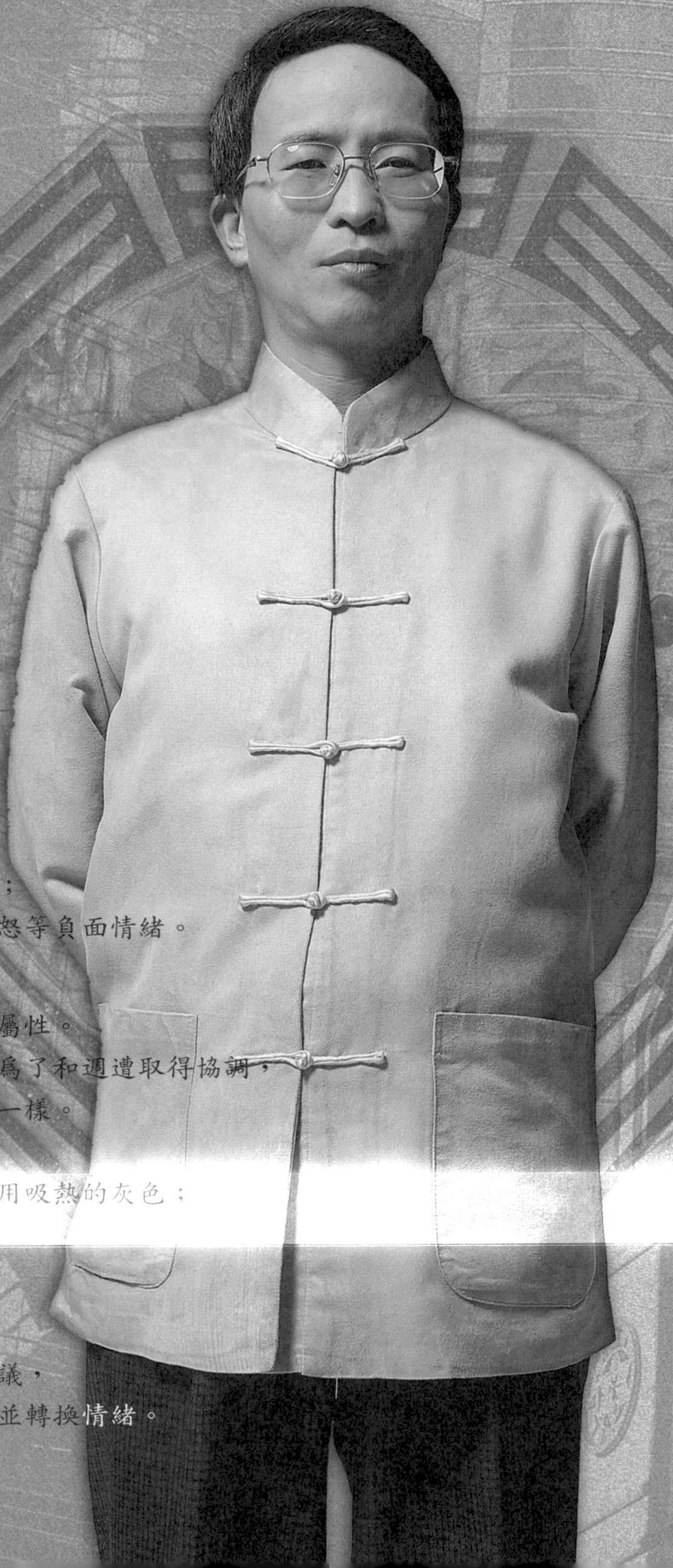

顏色會影響心境、也會改變環境。
所處環境若色彩協調，
則能使氣場調至理想狀態，讓人神清氣爽；
若用錯顏色，則可能引發煩悶、憂鬱、憤怒等負面情緒。

將顏色運用於陽宅，
要同時考量建築的外在環境和室內的空間屬性。
像自然環境和都市叢林的景觀大異其趣，爲了和週遭取得協調，
外牆和屋頂在兩種環境中適用的顏色也不一樣。
而內部空間也要根據其用途適當選色，
像臥室宜用安定身心的紫羅蘭色；廚房要用吸熱的灰色；
天花板最忌陰暗，有如烏雲罩頂；
地板鋪深藍，則像踩入萬丈深淵。

本章將說明各種顏色代表的意義，
並針對各種室內外格局提供色彩運用的建議，
讓你藉由豐富美麗的色彩，同時改善風水並轉換情緒。

顏色的意義

顏色會影響一個人的心情，也會使環境變得有生氣。我們的生活爲何要有花朵陪襯？因爲花朵的色彩繽紛而豐富；衣服爲何要有各種色調？因爲穿上不同顏色的衣服，自己和旁人都會覺得耳目一新。反過來說，倘若顏色不對，就會引發許多負面情緒，有時讓你落落寡歡、有時讓你心浮氣躁，甚至是動輒火冒三丈。而所處環境若是色彩協調，則能幫助這個氣場調至理想狀態，而讓人感覺神清氣爽。

▼五種正色▲

基本上，我們把所有的色彩大致歸類成五種「正色」，就五行而論：

顏色	五行	旺的方位
翠綠色	木	東方
白色	金	西方
紅色	火	南方
黑色	水	北方
黃色	土	中央

關於顏色，我曾做過一首詩闕，談到不同季節的色彩：

木華於春，夏日炎炎，金秋靈爽，玄冥渺渺，四季歸途，天地玄黃。

＊木華於春—綠色：春天草木最旺，所以該季色彩主要爲「綠色」。

＊夏日炎炎—紅色：夏天溫度高，此季節的代表色爲火熱的「紅色」。

＊金秋靈爽—白色：一入秋天，低溫在植物表面形成白霜，因此白色旺於秋。

＊玄冥渺渺—黑色：冬天萬物凋零，大地枯寂，黑色最能體現枯槁自然的現象。

＊四季歸途，天地玄黃—黃色：意指一年四季皆適合黃色。春季是農曆一、二、三月（寅、卯、辰）；夏季是四、五、六月（巳、午、未）；秋季是七、八、九月（申、酉、戌）；冬季是十、十一、十二月（亥、子、丑）；其中辰、未、戌、丑乃四季，屬土，宜用黃色。

接著我們就一一來分析，這五種正色運用在空間上所產生的效果。

綠色：朝氣

綠色象徵朝氣，而且有視覺延伸的效果，讓窄小的空間看起來較爲寬廣。

紅色：吉氣或旺氣

紅色稱爲「吉氣」或「旺氣」，中國人每逢喜慶場合，都會用到紅色。但是物極必反，如果所有物品都是紅色，反而會刺激腦神經，自然而然就會讓人血脈僨張，不自覺地脾氣變糟了，情緒也更加暴躁。

就住宅而言，紅色不能作爲底色，也就是色彩的基調。紅色作爲點綴的效果很好，但不能當成底色，而只能用來做「圖彩」（圖畫的彩色），像是在客廳貼張紅色的吉祥圖案。千萬別把四面牆壁都漆成紅色，這樣在裡面的人鐵定會感到心浮氣躁。

空間色彩運用的道理，就和人穿衣服一樣，如果一個人全身的衣褲、帽子全是紅色，看來就會令人討厭；這是因爲全身紅色會刺激他人的視覺與腦神經，而形成激怒他人的效果。所以，紅色一定要搭配其他顏色，如黑色、白色或黃色，加以適當組合，才會顯得悅目、好看。

白色：肅殺之氣、潔淨之氣

白色有肅殺之氣、潔淨之氣，所以會使人心情沉澱下來，也會讓你有種看穿一切事物、掃除心緒障礙的感覺。然而，經常使用大量白色的人，往往會變得比較被動、保守，甚至還會有侵略性，這是白色帶來的肅殺之氣所致。

＊白色有潔淨之氣，可以沈澱心情、掃除心緒障礙。

黑色：神祕、權威與自信

黑色會產生神祕、權威與自信的作用。黑色的波長能令人心神安寧、意志集中，自然產生自信與自尊。

黃色：讓人心胸開闊、帶有穩重感

中國從前用來教導孩子識字用的《千字文》，一開始便以「天地玄黃」來破題。黃色，是來自黃土高原的大地色彩，向來被中華民族視爲天地間最重要的色彩之一。黃色也會讓人覺得心胸開闊、同時帶有穩重感。

以上五種顏色稱爲「正色」、或稱爲「原色」。在西洋的色彩學裡，三種基本的原色是純粹的紅、黃、藍，純白與純黑則屬於無色彩。但我們這裡所說的「原色」（正色），則是以中國的色彩系統而論，與西方的三原色不太一樣。一般來說，我們很少用到正色，是爲了避免用色過於刺激，而正色通常都會調和其他色彩一併使用。

▼常見的調和色▲

紫色

紫色是住宅用色中最常見的調和色，有偏淡藍的紫羅蘭色和呈淡粉紅的粉紫色。

＊紫羅蘭色

紫羅蘭色是宇宙正氣的顏色，道家稱這種顏色爲「紫氣東來」。紫羅蘭色具有收斂的作用，能把大地的精氣收斂在一點，所以道家即云：「九轉丹成紫氣來」。❶

＊粉紫色

粉紫色是比較浪漫、或可說是放蕩的色彩，因爲這顏色看來太嫵媚了，會令人想入非非，一向被視爲情色淫靡之氣。

橘色

孔子說：「惡紫之奪朱也。」其中的「朱」，講的就是橘色。橘色也就是中國傳統的朱紅，這種顏色會使人感到光明磊落。

深藍色、灰色、深褐色

其他常見的調和色還有深藍色、灰色、深褐色。一般人很少用深藍色，因爲這種顏色會使人感到憂鬱。灰色會使人覺得悲傷、失望，我也認爲是不好的顏色。深褐色——也就是豬肝色，則會使人覺得神秘。

❶ 古時候煉丹，稱爲「九轉丹」，而煉丹修仙的人把紫色視爲最吉祥的顏色，所以神話裡每次形容老子現身，也經常用到「紫氣東來」的字眼。

建築外部的顏色運用

將顏色運用於陽宅時，不但要根據建築的種類和空間屬性來選擇，還有戶外、室內之分，並且要視該建築位於何種環境而定，接下來就逐一分項說明。

▼外牆▲

房子的外牆，並不是指外部的圍牆，而是建築物外側的牆壁。關於外牆，我們首先要分成自然環境和都市叢林、再細分成平房或公寓大樓，各自探討、介紹。

自然環境中的外牆

＊以採用卡其色、米黃色或土黃色為妥

山坡或田野間的平房、農舍，通常在外牆漆上黃色會比較好看。不過，也不要採用太純的黃色，以前傳說使用正黃會招天妒，所以只有皇帝才能使用正黃色。而且豔麗的正黃色看起來也太招搖了，住在太顯目的房子會招人忌妒，這個道理跟《吳教授開運陽宅》（283頁）談到的「天衝屋」很類似。

因此，自然環境中的外牆，以採用卡其色、米黃色或土黃色爲妥。山坡上的房子適合用米黃等稍微亮一點的黃色調；位於平原、田野的則可用較爲濃厚的酪黃色，這樣看起來就會與週遭環境更加協調。

都市叢林中的外牆

＊適用藍灰或淺綠，並儘量分成兩截顏色

位於都市叢林中的建築，外牆很適合漆上藍灰或淺綠，因爲淺綠色會產生視野延伸的作用，而且令人感到放鬆；藍灰色的效果也很類似，有種平易近人的感覺。

都市建築的外牆最好儘量分成兩截顏色，而忌諱整棟使用單色。外牆無論貼磁磚或漆油漆，都可以運用兩種不同色彩來搭配，例如以象牙白爲底色的牆壁，牆邊再配上豬肝色（深褐色）；或是在米黃色背景上加進黑色或正紅色的邊框。

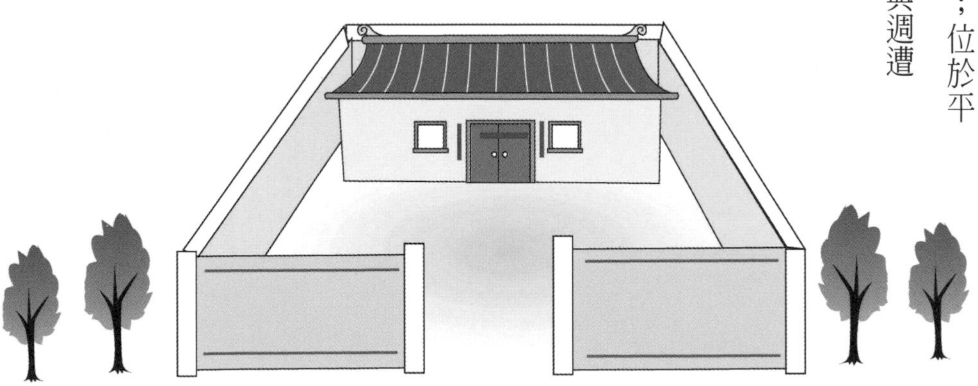

＊自然環境中的建築外牆宜用米黃色。

＊都市外牆適合的配色

以都市的外牆而言，採用以下幾種配色會顯得比較漂亮——深褐色（豬肝色）加上白色邊最好看；棗紅色加白邊也很不錯，尤其是配上象牙白的勾縫，更是絕配！貼棗紅色的瓷磚，磁磚的勾縫就適合用象牙白的顏色。運用以上幾種配色來彩飾外牆，整棟房子看起來就很挺拔、很有精神。

要不然，貼白色或淺黃色磁磚來做外牆也很悅目，但這時就應該加上深色系的勾邊，像是加上豬肝色的「構溝」（台語稱爲「抓列」）；若用紅色反而會不協調。

外牆忌諱的用色

＊紫色：外牆最忌諱漆成紫色，因爲紫色看起來不穩重，怎麼看都不協調。

＊紅色：紅色看起來就像火一樣旺，意味著房子容易發生火災。而且住在裡面的人和他的左鄰右舍，都會因而脾氣暴躁。橘紅色也是一樣。

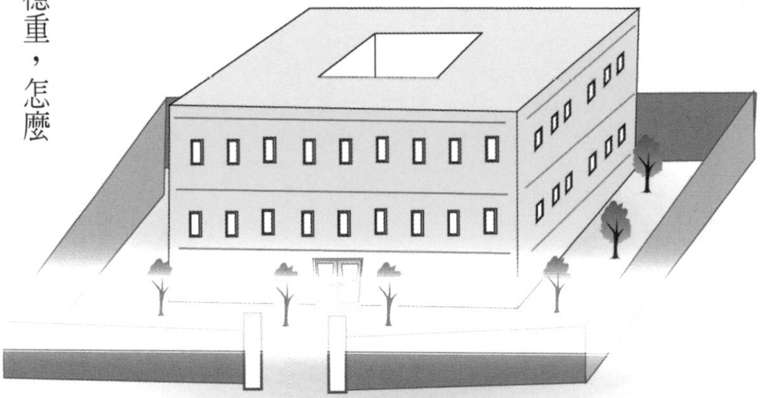

＊現代都會建築外牆適用淺綠色。

＊黑色：黑色建築在整個建築群裡顯得太突兀，而且看來有種深不可測的感覺，像是在拒絕訪客似的，這家人也會變得比較孤僻，因爲沒人敢去他家登門拜訪。

▼屋頂▲

通常只有平房才有斜屋頂，現代主義興起後所設計的高層建築，多已捨棄傳統人字型屋頂，將整棟建築蓋得有如方盒。如果建築還有斜屋頂，也是得以展現色彩之處。

自然環境中的斜屋頂

＊坡地建築可漆紅色，平地田舍紅綠皆宜

位於坡地的建築，若牆壁漆上黃色、屋頂彩成紅色，襯以綠色大地，可是絕美的搭配。此外，黃牆灰瓦的建築也很好看；至於位於平地農田裡的田舍，無論是黃牆配綠瓦、或是黃牆配紅瓦，這兩種色彩組合，也都是吉祥相生的配色。

都市叢林中的斜屋頂

＊加蓋屋頂的琉璃瓦，宜用綠色、白色或灰色

如果是在都市叢林中，高層建築通常只有平台的頂樓，而不會在建築上方搭蓋斜

屋頂，除非是頂樓加蓋的部分。

在都市的高層建築加蓋屋頂，建材多半是使用鐵皮或琉璃瓦。琉璃瓦的色彩運用，就如同鄉下的平房，最好使用綠色、白色或灰色，看來與都市水泥叢林的背景比較協調。千萬不要使用黃色琉璃瓦，這樣的屋頂在都市裡，看起來就像一間寺廟。

*都市斜屋頂建築的忌諱配色

*紅色：會招惹是非，而且遠遠看起來像是一座廟。

*青色：會讓整棟建築看起來像是納骨塔。其實本來也沒有這樣的忌諱，但自從中正紀念堂使用青色琉璃瓦後，很多納骨塔就仿照它的形式與顏色——粉白牆和深藍色琉璃瓦——去興建，所以青色琉璃瓦的斜屋頂建築，看起來會宛如納骨塔。

*將顏色運用於陽宅時，也要注意建築外牆與屋頂的搭配設計。

建築內部的顏色運用

▼內牆▲

客廳

＊適合的顏色：淺綠、淺藍或象牙白

客廳的地板、天花板或內牆，最好採用淺綠與淺藍。淺綠是環保色，不但有益於紓緩眼睛的疲勞、具有延伸視野的效果，綠色的緩和波長並能穩定心情。室內多一點綠色，也有開拓空間的作用。至於天花板採用淡藍色，則能製造宛如晴空的效果，可以伸高眼界，天花板高度將比實際看起來要高一些。

所以，如果空間比較窄小，地板最好使用淺綠色系；空間較低矮的，天花板就要用淺藍色。喜歡寧靜空間感的人，具有安靜性格的百合白或象牙白，都非常適合。

＊忌諱的顏色

●**灰色：**灰色是絕望的顏色，尤其是深灰色的空間，更會讓人情緒低落、覺得生活沒有希望，所以最忌諱使用。其他凡是深暗的顏色，也都不宜。

●**深綠色**：用深綠色，一入夜點上燈，整間屋子就會綠光熒熒，看起來像鬼屋。

●**深黑色**：深黑色的牆壁會吸光，而導致空間陰暗，打上再多燈光也是徒然。

●**深紅色**：如果客廳的任何一片平面漆成深紅色，會讓全家都變得脾氣暴躁；這是因爲紅色波長較長，會刺激腦神經、導致情緒不穩。

●**土黃色**：土黃色的色彩折舊率最高。第一年，土黃色的牆面會讓你覺得房子很新穎；但到了第二年，就會感到這房子怎麼如此老舊，這是土黃色的特性，無可避免。建築外牆可以使用土黃色，但這個顏色用於室內則是禁忌（地板除外），尤其屬於住家門面的客廳，最忌諱在牆壁、天花板等處使用土黃色。

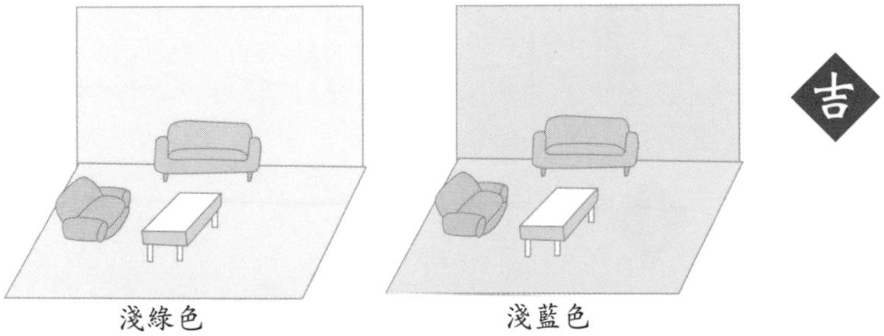

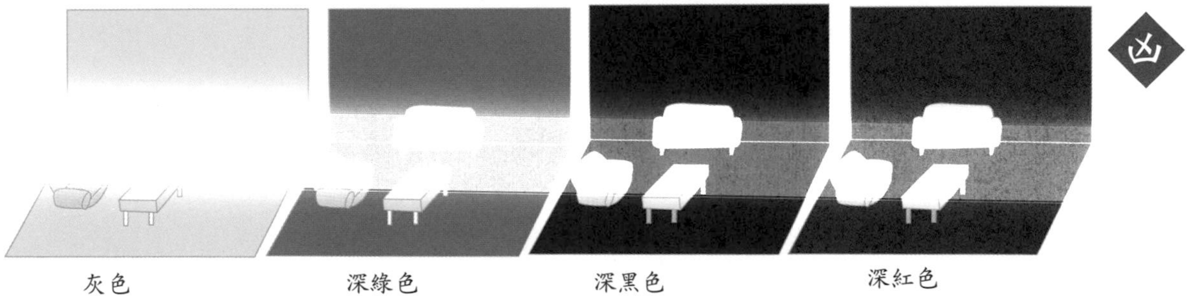

● **粉紅色**：輕佻的粉紅色是淫蕩色，會勾起不當慾望，不適合用於作爲公共場所的客廳。

餐廳

用色原則和客廳相同。

房間

臥房是休養生息之處，若以每天睡覺八小時來計算，一般人在家最常停留的場所，就是臥房。因此臥房的風水非常重要，千萬不要忽略了以顏色來塑造良好的臥室氣場！

＊主臥室：紫羅蘭色調養身心，粉紅色塑造浪漫

主臥房適用的最佳牆面色彩，就是紫羅蘭色。之前我們曾經提及，紫羅蘭色是宇宙正氣的顏色，具有調養身心的效用，對眼睛與肺臟的調氣效果尤佳，這是因爲它的波長有益於肺臟與肝臟，而肝又與視力健康息息相關。因此，主臥房的紫羅蘭色牆面，會讓人較易入睡、而且睡眠品質更佳。

吉

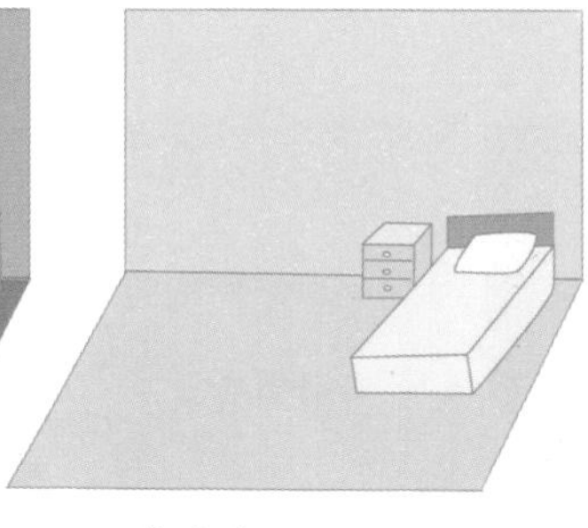
淺綠色

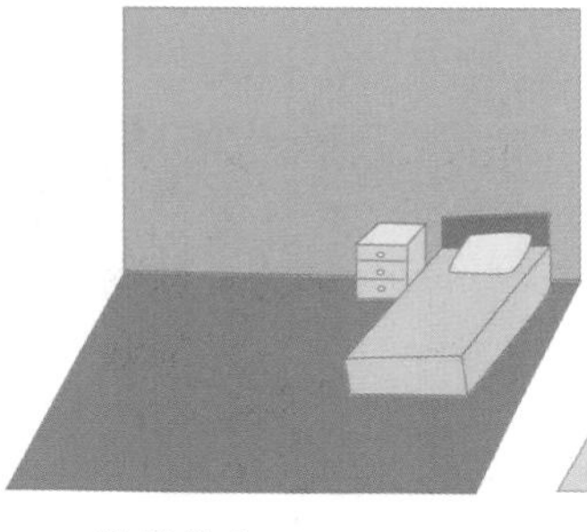
紫羅蘭色

如果主臥房的牆壁是粉紅色，則能塑造浪漫情調，讓夫妻之間的感情更爲融洽。但我想，如果是老夫老妻就應該不需要了吧！

＊兒童房：淺綠、淺藍或百合白，塑造開朗空間感

一般來說，兒童房的用色與客廳相同，應儘量塑造開朗的空間感。兒童房的牆壁宜儘量採用淺綠色，這樣小孩的個性才會活潑；若是塗紫羅蘭色，小孩則會比較穩重。兒童房使用淺藍色或百合白也很不錯，至於其他顏色就儘量不要。

廚房

廚房是烹調的空間，無論各家的飲食習慣爲何，這裡因爲有火爐等會散發熱能的炊具，總是較爲燥熱。

＊適用能吸熱的色彩：淺灰、淺藍、淡檸檬黃

之前我們都說灰色不好，但廚房的空間卻很適合用淺灰色。淺灰色屬水，而水可以治火，因此灰色系的廚房較不易發生火災；此外，廚房的室溫通常比較高，淺灰色也有吸熱作用。清爽的淺藍色與淡檸檬黃也具有吸熱效果，很適合用於廚房。

吉

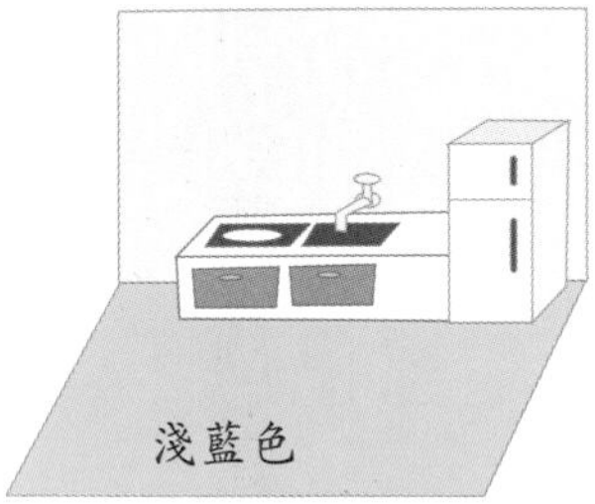

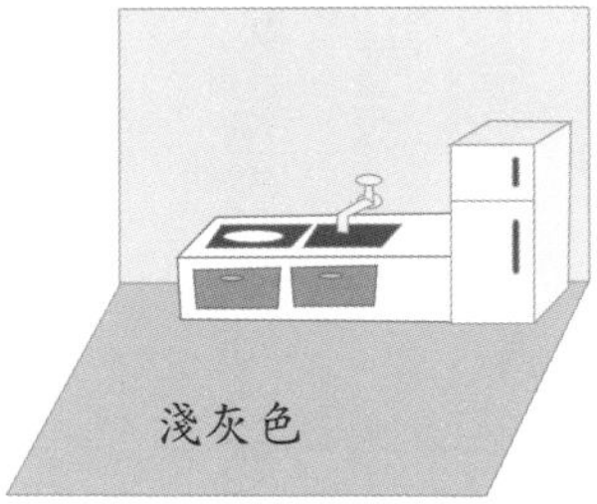

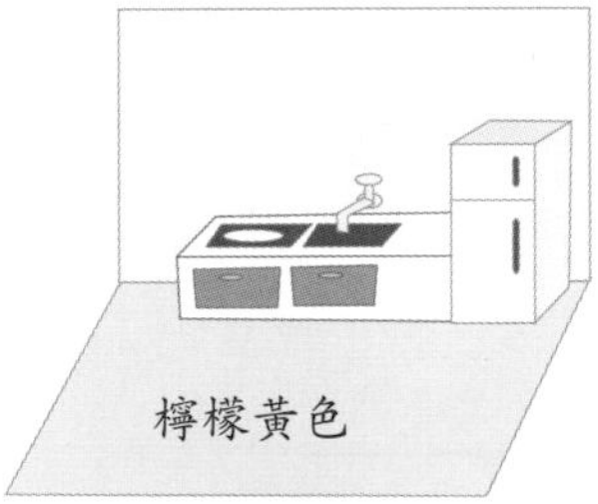

凶

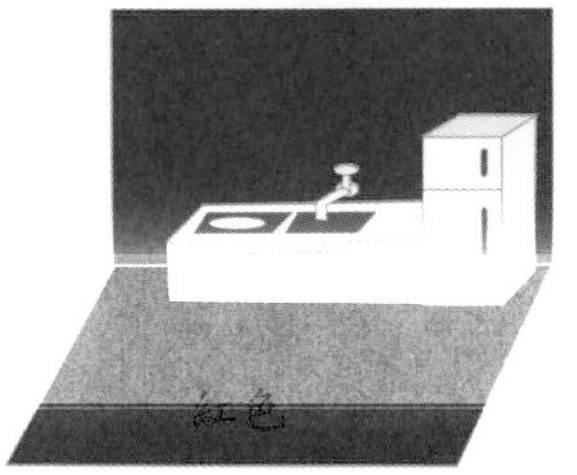

*忌用散熱或反射熱能的色彩：紅色系

廚房用色最忌諱紅色系。無論是地板、牆壁或天花板，都不可使用紅色。廚房用色最忌浮躁、刺眼，這是因爲此處原本就是火很旺的地方，再採用會散熱的白色或紅色，看起來就會更「燒」（台語的「熱」）。

廁所

*明亮色系為首選：白色、綠色或淺藍色系

廁所通常較爲陰暗潮濕，而這個空間的用色原則很簡單，儘量用此明亮的色彩準沒錯！像是白色、綠色或淺藍色系都非常適合。

至於色彩明快的正黃或正紅，則較少有人使用於廁所，一般人頂多是選擇顏色較淡的米黃色。之前我們曾數度提到，粉紅色系較爲輕佻，建議最好不要使用，但廁所若酌量使用粉紅色，則頗能塑造溫馨感。不過，使用粉紅色的衛浴間，也會讓人容易腹瀉，這是因爲粉紅色容易敗氣，氣一敗，動不動就會拉肚子。

吉

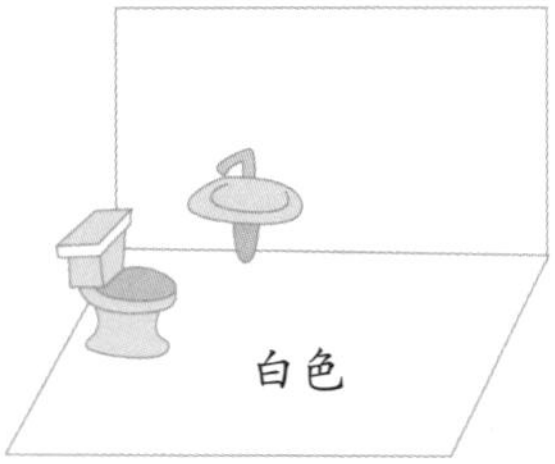

平

▼天花板▲

白色系是最理想的選擇

天花板一定要看來乾淨、清爽，所以最理想的顏色是白色系。無論是什麼樣的空間，天花板只要塗上白色系，就不會出問題，要不然淺藍色系也是理想的選擇，至於其他顏色最好避免。

天花板最忌諱油漆或裝潢得陰暗複雜，感覺像是烏雲罩頂一般。很多人喜歡用深色的材質來裝潢天花板，這就傳統的風水理論來說雖無影響，只是會破壞空間感。我們抬頭應該要見到青天嘛！為何要讓自己一抬頭就看到整片烏雲？空間所造成的心理感受，也會影響你的運勢，你一旦被烏雲罩頂，運勢怎麼可能變好呢？

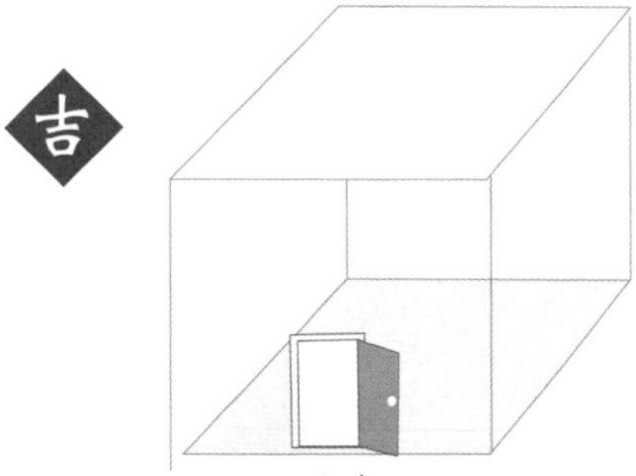

白色

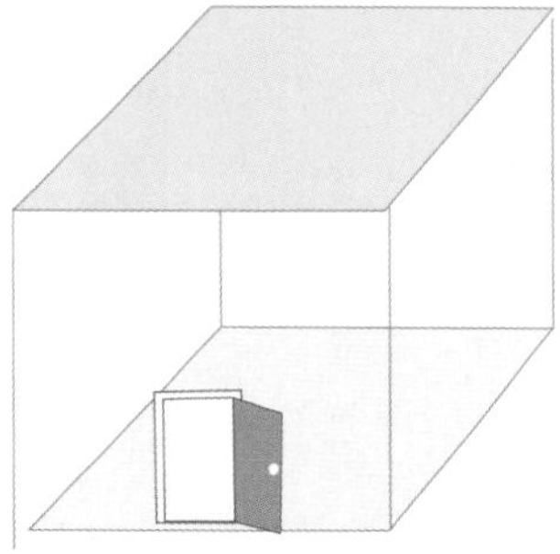
淺藍色

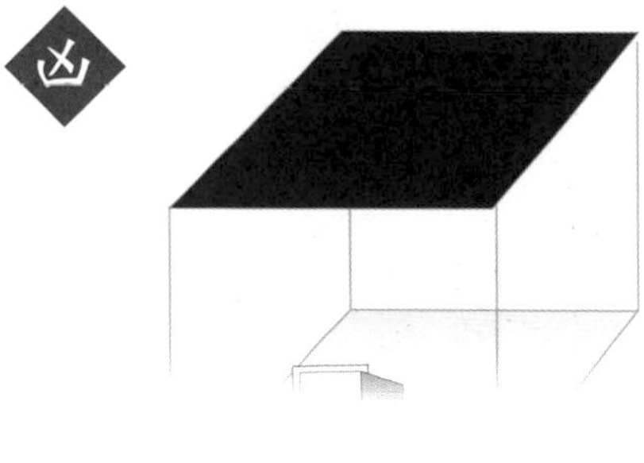

黑色

▼地板▲

大坪數的住家：棗紅或深褐

住家坪數夠大，地板使用深色才不覺空曠，理想的顏色則包括深褐色或棗紅色。深褐色（豬肝色）地板有提升權威的效用，可以讓人對自己產生信心。棗紅色的地板則會讓你覺得人生快樂、有希望。

然而，同為深沉顏色的深藍，卻很少有人用於地板。這是因為踩在深藍色地板上，會有像是踩入萬里深淵的錯覺，而且深藍色也會讓人覺得憂鬱。所以使用深藍色地板其實是忌諱。

小坪數的住家：蘋果綠

如果家裡坪數不很大，地板最好使用蘋果綠的顏色，不僅能產生視野開闊的效果，也能使人覺得快樂、有朝氣。

坪數大小適中的住家：土黃或卡其

＊住家坪數夠大，使用深色地板才不覺空曠。

如果坪數大小適中，地板使用土黃色或卡其色（深的土黃色）最爲理想。土黃色系會讓人變得沉穩，有種居中策應的感覺，這是因爲土在五行裡屬於中央方位

地板材質V.S.選色

＊**水泥地**：灰色的水泥地板並不好，裸露未加以修飾的地板意味著「窮人家」，最好避免用於住宅。

＊**大理石**：雪白大理石是很優良的地板建材，在台灣南部，很適合用這種建材來鋪設地板；但在多雨潮濕的北部，我則建議最好不要——這與顏色無關，而是因爲雪白大理石會反潮，純粹基於材質特性之故。此外，大理石的硬度不高，搬移傢俱時很容易刮傷地板；連一般的玻璃都能在大理石表面刮出痕跡，傢俱中若有含鎢之類的金屬，如白鐵製成的傢俱，也可能刮傷大理石地板。所以，大理石比較適合拿來貼牆壁，用作地板建材則不太理想。

＊**石英磚**：地板最適合採用的建材是石英磚，耐磨耐用又好整理、價格也相對便宜，而且顏色選擇較多。

＊灰色水泥地板意味著「窮人家」，並不適用於住宅。

▼門片▲

紅色適用於大門，忌用於房門

我們之前曾提及，紅色只能局部使用、或用為空間裡的裝飾（圖彩），而忌諱整面牆壁都漆成紅色。不過，紅色卻很適合用於大門，無論是屋外圍牆的大門、或是進入客廳的大門，用紅色都是很吉祥的象徵。尤其是傳統的朱紅色，看來端莊氣派又富有朝氣，古人也常以「朱門」作為稱呼富貴人家的同義辭。

朱門代表吉祥，但屋內房間的門片卻忌諱使用紅色。室內只有局部的門楣、門檻或窗櫺等處適用紅色，其他地方則儘量不要用。

▼職場規劃▲

職場也是商場的一種，顏色用對了，公司風水好，「財源」自然滾滾來；用錯了，公司財運差，只有連年「裁員」，員工也只能不斷滾蛋。無論是賣場或公司辦公

＊紅色只適用於大門，屋內房間則要儘量避免。

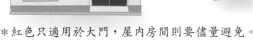

室，都應該儘量採用明亮的顏色；辦公空間的色彩，在活潑中帶有穩重，才是上乘的用色法。

主管辦公室

＊牆壁運用對比色，穩重中不失活潑

主管專用的辦公室空間，宜採用穩重色系，但用色太過沉悶也不好，易顯得無精打采。我建議不妨在牆壁部分運用對比色，也就是一面牆分別漆上兩種顏色，就能呈現穩重又活潑的空間感。像是在牆壁上半部運用明亮色系，如淺黃、淺綠、淺白等；下半部則採用沉穩的棗紅色或深褐色等深色系。這樣的色彩搭配，感覺就會很穩重、卻又不失活力。

員工大型辦公室

＊主色調可選用淺綠、淺藍或象牙白

很多公司都會將一般職員集中在一間大辦公室裡，這樣的大型空間不妨使用淺綠、淺藍或百合白、象牙白，來作爲空間色彩基調。現今有很多公司的辦公室，都喜歡用水泥灰色的ＯＡ傢俱，而我之前即已強調，灰色是會讓人感到絕望的色彩，如果辦公室爲灰色調，員工在裡面工作時，難免會感覺這家公司好像快要倒閉的樣子

*地板採用棗紅色和蘋果綠

至於地板，目前的辦公大樓流行採用高架地板來收納電腦、電線等線路與收藏插座，地面也因此常使用小塊地毯拼湊而成。無論地板是採用地毯、地磚、大理石或任何材質作爲鋪面，都建議採用棗紅色與蘋果綠這兩種顏色。

▼傢俱配色▲

傢俱和背景要以對比色互相搭配

傢俱的色彩也應與空間做好搭配。無論是辦公室或住宅的傢俱，最好都能與背景呈對比色，視覺效果才會好；視覺效果好，空間感就好，自然能形塑良好的風水。譬如，深色的背景就應使用淺色傢俱；淺色的背景則該用深色傢俱。像是西餐廳或酒吧的空間，總喜歡裝潢成幽暗的情調，所以這些地方也常選用白色系或鮮豔色彩的傢俱。傢俱和空間若能相互襯托，就會賞心悅目、感覺舒暢。

【第十一章】

祭祀禮儀

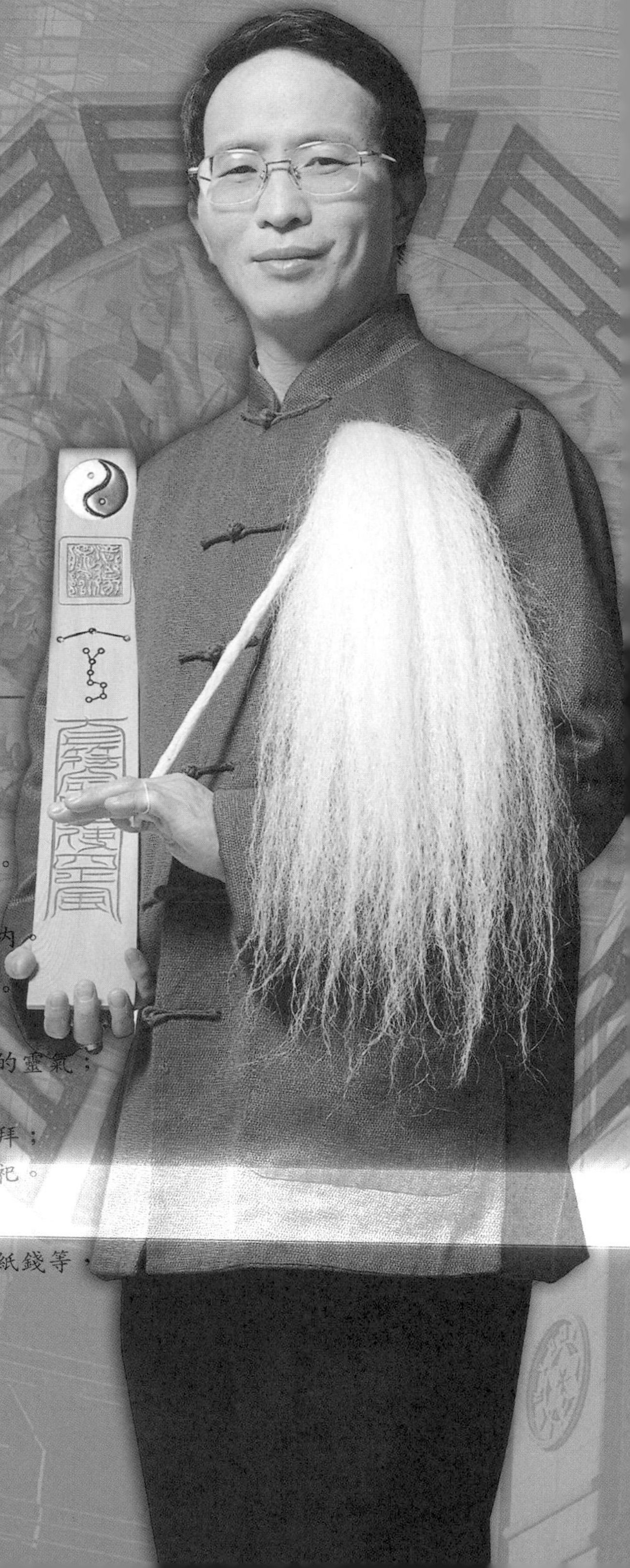

所謂的「民間信仰」，
其實是混合了道、儒的教義，也摻雜有佛教的形式。
像是台灣寺廟祭祀的神明，儒道佛都有；
而燒香拜拜、年節祭祖的習俗，也包含在此大鎔爐內。

民間信仰中的祭祀禮儀，包括安奉神明和供奉祖先。
「神明」二字中的「神」，意指我們自身的元神，
拜拜是在祭拜自己的元神、祖宗的元靈和天地萬物的靈氣；
所以千萬不能貪求，而要抱持誠意與虔敬。
安奉神明時，必須考量風水磁場，根據各神屬性膜拜；
供奉祖先時，也應恪遵傳統禮俗，按照固定年節祭祀。

本章將介紹神明和祖先的相關祭祀禮儀，
包括祭拜的眞義、安奉的方法與時間，以及祭拜的紙錢等，
說明如何透過崇拜神明而感恩自省、
如何安奉祖先而表愼終追遠之意。

祭祀的眞義

▼何謂祭祀禮儀？▲

祭祀禮儀是一種民間信仰

民間信仰與宗教信仰不同，宗教是指基督教、天主教等有嚴謹教規的信仰；而我們常說的「信仰」，其實是混合了道教、儒教的教義，也摻雜一些佛教的形式。像是台灣一般寺廟所祭祀的神明，儒道佛都有；平常我們在家早晚燒香拜拜，初一十五要吃素、逢年過節會祭祖的習俗，這些全都包含在「民間信仰」這個大鎔爐之內。本章所要談的，也就是這些民間信仰中常見的祭祀禮儀。

安奉神明的地點，當然要選擇適合的空間（請參考《吳教授開運陽宅》371～386頁），然而，我認爲最

＊台灣的祭祀禮儀，是融合了儒道佛等宗教的民間信仰。

重要的還是這四個字：「心誠則靈」。在開始瞭解祭拜神明的禮儀之前，應該要先認清祭拜與奉祀神明的眞義。

拜拜等於是自我反省

「神明」二字中的「神」，指的是我們自身的元神；所以你會發現，拜神明拜越久，供奉者和神像就會越來越相似。拜拜其實是在祭拜自己的元神、祖宗的元靈和天地萬物的靈氣；所以，拜拜時千萬不能貪求，應抱持誠意與尊敬。說得白話一點，拜拜也就是在膜拜自我的內在，等於是一種自我反省。

▼常見的神明▲

基本上，我們祭拜哪一尊神，目的就是要效法他的精神。儒教與道教的神明，都是天地之間日月星辰與山川的神靈，不然就是有功於

風水小常識

儒家的神鬼觀

孔子在《中庸》一書提到：

至誠之道，可以前知。國之將興，必有禎祥；國之將亡，必有妖孽。見乎蓍龜，動乎四體。禍福將至，善必先知之，不善必先知之，故至誠如神。

鬼神之爲德，其盛矣乎！視之而弗見，聽之而弗聞，體物而不可遺。使天下之人，齊明盛服，以承祭祀。洋洋乎，如在其上，如在其左右。詩曰：「神之格思，不可度思，矧可射思。」夫微之顯，誠之不可揜如此夫！

《中庸》是孔子闡述祭祀之道的儒家鉅作，而上文的意思就是：你若能達到至誠的境界，神明就會常在你左右、隨時保佑你；這也代表你若能至誠，就可與天地鬼神相通。一個真誠的人，冥冥中的第六感會很強，而鬼神也會透過第六感，告訴你過去與未來之事。

人類的偉人或聖人。像是「三不朽」（立德、立功、立言）之人，都很值得成爲後代典範。

關公

生意人拜關公，千萬不能只把他當作是財神，因爲關公最特出的精神，就是「取財分義利之辨」；不義之財，他可是一毛都不取的！

你看，當初曹操對關公是多麼禮遇，但關公最後仍要回到劉備身邊，於是便把手邊所管理的金銀珠寶一一列帳，點交清楚之後歸還給曹操。所謂「君子愛財，取之有道」，我們要效法關公這種明辨義利的精神，也要學習他對結拜大哥劉備講義氣、並且忠於漢室而不屈於曹操的忠義節氣。

＊我們膜拜關公，應該效法其明辨義利、忠肝義膽的精神。

媽祖

我們拜媽祖，不是要祂保佑你升官發財、或是小孩會讀書，而是要效法她力行孝道的精神。媽祖因父親而落海喪生，她期盼爸爸搭乘的船能夠早日歸航，因此生前不管刮風下雨，每天都提著燈籠到海邊指引船隻。媽祖也深諳醫術、經常扶濟貧困，這種仁愛助人的胸懷，也很值得我們學習。

▼祭拜的心態▲

祭拜神明，不可抱有癡心妄想

心中若有貪念與癡心妄想，那麼拜的都是些鬼或魔。只有鬼或魔才會有癡心妄想，真正的神明是清廉無私的。

例如，拜拜的人向神明禱告，說些希望讓我比別人更強之類的話，聽到這種話的神像，裡面寄居的百分之百是魔，只有魔才會有這類的貪嗔癡，神明並不會有這種邪念。所以當你產生這種念頭時，你所祭拜的神像也會日漸浮現那種貪嗔癡的眼神；而且神像的顏色會越來越枯暗、眼神越來越兇惡，或是表情看來會有種哭喪感。

祭拜的神明淪爲魔，是因爲你自己變成魔所造成的。自己心中有魔，你拜的神明也會因此著了魔；然後魔上加魔、惡性循環，而演變成無可救藥。因此，祭拜神明千萬要誠心正意，不可抱持貪念與私慾，這是頭條禁忌。

宗教是要助人自省並懂得感恩

我們一定要建立正確的信仰觀，不論是信仰哪種神明、哪種宗教；就算是源自西洋世界的基督教，信徒在禱告時，也應該是感謝上帝賜給我們在世上的每一天，而不是要請祂幫你解決問題。全世界的宗教都是本於相同道理，希望助人自省並懂得感恩，而不是一場與神明的交易，這是祭祀神明時應具備的基本觀念。

先建立好這樣的基本觀念，接下來我們才能進入「安奉神明」這個正題

神明的安奉

▼風水考量▲

住家裡面如果有安神位，也等於是給自己一個心靈寄託。在人生奮鬥的過程中，難免會碰到一些懸宕難解之事，這時祭拜一下家裡的神明，讓祂給你一個指引，你的心至少會安定一半。此外，每天早晚上香，也能幫助你維持安定的生活步調，因爲早晚各上一次香的儀式會迫使你作息正常，生活自然就不容易失序。

安神須看空間是否適合

家裡若要安神，得先看看是否有適合安奉神明的空間，要是眞的沒有，寧缺勿濫。千萬別勉強在住宅裡安神，否則就要小心招來禍害！

例如，如果你家在鄉下有棟平房，裡面有個很大的客廳，那當然就再好不過了，因爲神明可以安奉在客廳裡。但如果你家是位於都市的公寓或高層住宅，就得看看空間是否夠大；要是空間不大卻勉強去安，最後便會鬧出許多事端。

我們之前也說過，神明就等於是你的元神，如果你的元神安在一個風水不好之處，就像是將其禁錮在一個不安穩的環境中；而元神一旦不安穩，你這一生的運勢就會跟著動盪不安。與其這樣，倒不如一開始就不要安神。

雜亂的風水磁場會招來邪魔

好的風水磁場，比較會有正神來加持；雜亂的風水磁場，則會招來一些邪魔歪道，並且間接影響自己的心情與運勢。如果經常祭拜邪魔與鬼物，自己也很容易就會「著魔」。所謂的「著魔」，就是言行舉止會變得乖戾。例如，講話狂妄是一種魔；貪慾很重也是一種魔；對許多事情斤斤計較、不尊重他人、自私自利……，這些全都是著了魔的表現。

適合安神的好風水

＊**神明廳要能看得遠**：如果廳前的視線看不遠，至少室內空間也要夠寬敞。

＊**光線要夠明亮**：光線不明亮的空間，最容易發生著魔之事，因爲鬼怪最喜歡聚集在陰暗幽冷之處。所以，如果屋內天然採光不夠，千萬不要安置神位。

＊**廳前不可有沖剋**：像是路沖、暗堂煞或壁刀煞等不好的磁場，最好避免安置神明（關於諸煞與沖剋，請參考《吳教授開運陽宅》和本書第十二章）。

＊**神像不能壓樑**：神像一旦被樑壓，住在屋內的人就會致命。

＊**神像後方的牆壁要「乾淨」**：這面牆壁的後方不能是廁所、床鋪與爐灶

＊神明的頂上不能給人踐踏：鄉下住獨棟透天厝的人家，往往會將神明廳設於頂樓，原因即是如此。神明要接近天界才好，所以要供奉在住宅的最高處。現在有很多人都住公寓大廈，你無法確定自家神位的上方究竟是樓上的哪個房間，難怪現代人爲了在工商社會求生存，只好踩著別人往上爬，一個踐踏一個地苟活，而不能像神明高高在上、悠閒自在。像我家的神明廳就位於公寓頂樓，神明不會被人踐踏，所以我就高高在上——不過我都被神明踩，因爲我的臥房剛好就位於神桌下方。

▼安奉須知▲

仙界的神

＊無形無象、屬於意念

仙界的神都是無形無象的、屬於意念的神，像是基督教的上帝、佛教的佛，這些全都是意念的神；但後來的信徒則將祂們偶像化，爲其繪製或雕塑神像而加以膜拜。就拿中國人最熟悉的佛教來說，我們有一大堆「佛」，每一尊佛都被賦予特定的功能，像是這尊招財、那尊招福、另一尊招壽……。其實，這都是發明這些名詞的人爲了「渡自己」而使的手段，因爲只有這樣，眾生才會供養自己，所以他們便爲佛像加上這些名目，而這已經脫離了當時釋迦牟尼創教的本意。

＊早晚清香膜拜、誠心供奉即可

其實，對於這些屬於仙界、無形無象的神明，我們只要每天早晚燒柱清香，誠心供奉即可，並不需要特別祭祀、也無特殊禁忌。

例如，台灣民間最常被眾人祭拜的神明——天公，祂在道教中是代表天地宇宙之間的主宰，而所謂天地宇宙之間的主宰，就是一種無形、無相，但必須銘記在心的神祕力量。

天界與人間共有的神

＊遊走天人之間，會賞善罰惡

一般來說，台灣民間所供奉的神明，多是屬於天界與人界共有的，意即祂有時屬於天界、有時又歸於人間，我們稱這類神明為「天人界的神」，如佛教的藥師佛

＊安奉神明時，要考量風水良窳，也要根據神明屬性正確供奉。

與觀世音菩薩，道教的媽祖、關公與王爺公。這些神只要你求祂，祂就會保佑你；但如果你沒有答應祂的條件、或是承諾了什麼卻沒有還願，祂也會懲罰你。凡是會賞善罰惡的神，都屬於天人界。

＊吃素的神拜素食，吃葷的神供三牲禮

屬於天人界的神，又分成茹素與吃葷。素食的神，祭拜時只要供奉素食即可；吃葷的神，通常要用三牲禮來供奉。

當神明生日的時候，我們就依照葷素來祭拜，平日則無須準備特別的牲禮，只要燒上幾柱好香就行了。

＊祭拜神明，誠心爲上，勿懷有貪瞋邪念。

祖先的供奉

▼供奉祖先的意義▲

只有祖先的元靈，才會庇蔭子孫

我個人認爲，祖先的供奉比神明的供奉更爲重要。因爲只有祖先的元靈，才會庇蔭子孫。祖先雖然去世了，但他們存於天地之間的元靈還帶有人性；即使有的可能去做鬼、有的可能去做神，但他們仍會帶著些許七情六慾，對後代還存有家族情感，基於這種原理，他們一定會以照顧自己的子孫爲優先。所以，我們做人子孫的，理應先善加供奉祖先，做人一定要飲水思源啊！你如果無法好好供奉自家祖先，就算拜遍全天下的神明也沒用！

眞正的神，應該是大公無私的。之前我們曾提到，天人界的神明會賞善罰惡，但祂並不會獨厚你一人，因爲祂如果只偏袒你，從另一個角度來看，就是對他人不好。這個社會的成本是有限的，你若得到了什麼，相對地別人就會失去了。至於自家的祖先，不管怎麼樣，只要有危難時，絕對會儘量幫助子孫；而神明則只是依照天理來賞善罰惡。所以若從自私的角度來說，我們也應該優先供奉祖先。

▼供奉祖先的方法▲

遵照古代的儒道禮俗

供奉祖先的方法，與安奉神明相同。祖先的安奉要遵照古代禮儀，也就是儒教與道教的禮俗。一般而言，正如《朱子治家格言》所說：「祖宗雖遠，祭祀不可不誠；子孫雖愚，經書不可不讀。」若是整個家族有宗祠，就在祠堂祭祀祖先；如果兄弟早已分家、各自成立小家庭，就在各房的住家自行供奉即可。

當台灣正從農業社會轉型到工業社會的六〇年代，很多到都會打拚的人家，多半會將祖先牌位供奉在南部老家的祠堂裡，逢年過節時仍會去祭拜。後來，大家都在北部住久了，再加上家鄉的長輩也紛紛去世，有的子孫嫌回老家祭拜很麻煩，索性就把祖先牌位放到宮觀寺廟去供奉，甚至就此毫不理會了。

也有的子孫較爲愼終追遠，就懂得將祖先牌位給「䘨」起來。所謂的「䘨」，就是「分靈」之意——既然回老家祭祖不方便，乾脆就把祖先牌位分靈到自家來供奉。所謂樹大要分枝，台語俗諺也說：「一人一家事，祖宗隨爾駐。」各房兄弟都要把父母或祖父母的靈引到自宅來供奉。接下來就要教你如何「䘨」祖先的牌位！

＊供奉祖先時，需遵守儒道的傳統禮俗。

風水小常識

人死後，三魂七魄歸於何處？

依照儒教與道教的傳統說法，人有三魂七魄。人死了以後，魄就歸於地，聚集在骨骸裡；三條魂則是分別飄向三個地方。當肉體尚有生命時，三魂常駐眉心，七魄則常在肩膀。要是有人從後方突然拍打你的屁股或腰時，你並不會受到多大驚嚇，但若有東西驟然指向你的眉心，你就會很敏感地立即瞇起眼睛、頭部也會直覺地閃開，這是因為此處為三魂所在位置。當肩膀冷不防被人拍打時，你也會嚇一大跳，則是因為這裡是七魄存在之處。而人死後，三魂的歸處分別為：

- **第一條魂與骨骸結合**

第一條魂在墳地與屍骨結合。《葬經》說：「葬者，反氣內骨，以廕所生之道也。」如果祖先的陰宅風水很好，就能長久保存先人骨骸；由於祖先的靈魂常在，就比較能庇廕後代。

- **第二條魂寄託於牌位**

另外一條魂則寄居於祖宗牌位。所以家中若不供奉祖宗牌位，祖宗就會變成無家可歸、沒人祭拜的孤魂野鬼，不是去搶佔別人的牌位，就是聚集在大樹下變成所謂的「大樹公」、或是依附在石頭裡變成「石頭公」。如果後代子孫有幫祖先立牌位，祖先的魂就可附著於牌位裡，進而世世代代保佑子孫。

傳統的大家族時代，每個家族通常都設有宗祠，讓遠古的祖宗能皈依於此。而現在大多是分化出來的小家庭，鮮少有人會去設置整個家族的宗祠，以致於孤魂野鬼越來越多。從前有宗祠的時代，祖宗的靈魂還可以到這裡討頓飯吃；每當宗祠有人拜拜，他們也能分得一杯羹、吃吃大鍋菜。如今宗祠沒了，祖先就必須回到各自的小家庭去，但要是小家庭也不祭拜祖先了，祖先就只有四處遊蕩，成為孤魂野鬼了。

- **第三條魂還歸自然**

三條魂裡的最後一條魂，據說是回到宇宙自然，也就是所謂的「塵歸塵，土歸土」，萬物生靈來自天地，最終也會回歸宇宙。所以祖宗牌位一定要安奉好，否則子孫若讓他們淪落為孤魂野鬼，自己也等於在無意間成了不孝之人。

至於七魄，則是隨臟腑腐化掉。

▼牌位的分靈儀式▲

將牌位從祖厝遷出到自宅

如果你是獨子，公媽由你負責祭拜，抑或你是所有子孫中最為孝順者，而你又住得離故鄉老家很遠，這樣就必須將牌位從祖厝遷到你目前所住之處。步驟如下：

＊誠心地選個好日子：所謂的好日子，只要參照農民曆即可，像是天德合、月德合、歲德合、天恩等黃道吉日，然後再從好日子裡選出吉時良辰來進行此事。

＊準備一個「神籃」（台語「神籃仔」）：籃子底部先鋪上一張紅紙或紅布。

＊「呼請」祖先：站在神位前燒一支香，然後「呼請」祖先，徵求他們同意，再把牌位裝到神籃裡，同時也要將神桌上的那套香爐、連同牌位旁的燈具，一併放入籃內。

＊出發時要喊前進的「進喔！」，上車後直奔自家：否則神靈又會跑回祖厝。

＊運送牌位的車子只能往前走，不可往後退：一旦拿了祖先牌位後，人或車就不能回頭。所以，運載的車子必須事先倒好車；要是走錯路了，也只能繞道前行。切記，不但不能掉頭，就連沿著來時的路線回去也不行。

＊向祖先清楚說明進程：每跨過鄉鎮或縣市的界線，或是過橋樑、河流與重要路口時，必須清楚地向祖先點明，我們現在已經抵達哪裡了，這樣鬼魂才會跟著你

走，否則就會迷路而變成孤魂野鬼。

＊順利抵達自宅後，仍然不可回頭；進門時也要再喊一聲「進啊！」，迎請祖先到你家。

＊要事先在住家準備好祖先的神龕，並且布置妥當。

＊定位之後，先放燈再安香爐：將牌位就定位之後，接著要擺好燈，最後再來安置香爐。如果沒有燈具，則用一雙蠟燭來代替。

＊安置好牌位與香爐，先點上三支香膜拜：拜拜時，用筊杯（神筊）請示祖先是否有跟來；如果有，就呈上一些簡單的菜餚，虔誠地祭祀即可。

以上所介紹的已是簡化的儀式，如果還是不懂、或覺得自己做不來，請個正統的法師來協助會更好。

將牌位從祠堂分靈到自宅

還有一種情形是，故鄉的祠堂還有人在祭拜「公祖」（公共的祖先），如果你只是要分靈，也得選擇吉時良辰回到祖厝，先徵得祖先同意，再把「公媽龕」裡的祖先牌位，抄到新的牌位裡。步驟如下：

＊把牌位從「公媽龕」取出

因爲牌位是一塊一塊的木板，進行這項儀式時，要先將祖先的牌位從「公媽龕」

裡取出，把你要祭祀的那些祖先名字，抄到新的牌位上。按照「序昭穆」的順序，將祖先的輩份高低與生死年月一一抄好，輩份最長的牌位要放在「公媽龕」的最裡面；新近去世的擺在最前方。

＊依照輩份順序一一抄寫

例如，吳氏歷代祖宗的「公媽龕」裡面有好幾塊牌位，從最貼近前方的牌位算起，依序是父母、祖父母、曾祖父母、高祖父母、太祖父母……。有幾代就抄寫幾代，把歷代祖宗的名字與資料全部抄寫到新的牌位。

每寫好一塊，就要在香爐過火一次。每次都要繞上左三圈、右三圈，還要呼叫這位祖先的名字。要不憚其煩地進行，等到全部寫好之後，把新得祖先牌位全部舉起來，於香爐上方再過火一次，這次就不用一一呼叫祖先的名字了。

＊從舊的香爐分出香煙

新牌位抄寫完畢並裝好後，取一個新香爐，象徵性地用湯匙從原本的香爐取出三小匙香灰，放進新香爐裡，這是「分香煙」或「分火」，如此就完成了分靈儀式。

＊調好車頭，直奔自宅

事先將迎接牌位的車子調好車頭，然後直奔自宅，一路上千萬不可回頭。

不知道祖先在哪裡，沒有牌位可拜

如果你不知道自家祖先到底在哪裡，這該如何拜起呢？很多人都有這種情形，好幾代都沒有供奉祖先，到了你這代突然想供奉了，卻沒有牌位可祭拜。不過，這仍有解決辦法。

＊找出祖先的名諱與生辰死忌，請法師來調魂

你要儘量去找出祖先的名字、生辰和去世的年月日，把資料寫好，然後再請法師幫忙來「調魂」。由於這種儀式的程序太複雜了，一般人無法自己執行，所以必須找個有道行的法師，在家裡呼叫祖先神靈。進行「調魂」時，你得在一旁幫忙做確認，一個接一個地擲筊杯、呼叫祖先，確認他們是否有來。

如果，祖父母都還健在，而不知道遠古祖先的名諱與生辰死忌，我建議你可以在牌位上直接寫「歷代〇〇氏祖宗牌位」即可。

▼牌位的安奉原則▲

選擇良好的磁場空間

祖先牌位的安奉位置和神明一樣，都要選擇良好的磁場空間，不過祖先牌位較特殊的一點是，可以被安奉在廚房、飯廳或書房，因為祖先就跟自家人沒兩樣，安奉地點只要不是睡覺之處，或是廁所、儲藏室即可。此外，如果在廚房設置祖先牌位（廚房可供奉土地公、灶神與祖先牌位），可以和土地公擺在同一處，但不能與其他神明排在一起。

▼祭拜祖先的時間▲

春秋二祭與生祭、死祭

過去有大宗祠的時代，每年有春秋二祭；但如果是與我們關係較近的先人（如父母與祖父母），每逢他們的生日與忌日，都要祭拜。也就是說，一年至少有兩次祭拜，分別代表「生祭」與「死祭」。

在重要年節進行祭祀

由於工商社會大家都忙，以往每年的春秋二祭與生祭、死祭，就簡化為只在幾個重要節慶祭拜即可。通常，一年只要在這四個節慶祭祖——除夕（含過年）、清明、中元與重陽。

不管輩份多遠或多近的祖先，都要一起祭拜；只有離自己關係最近的父母這一代，在他們剛去世的幾年，每逢生日與忌日都要祭拜。

風水小常識

祭拜祖先一定要親力親為

現代人平日多半忙著上班，大家都怕麻煩，所以某個主持人曾跟我開玩笑，現代人都在網站上架設祖先牌位，有空就上網去拜拜。我還聽過更荒謬的，就是有人自以為聰明、懶得去買祭品，祭祀時便在祖先牌位前擺了好幾個碗，每個碗裡放一百、兩百、五百不等的鈔票，然後跟祖先說：「對不起，我沒有時間拜拜，這些錢放在這裡，你自己拿去買東西吃。」其實，類似的做法只是自欺欺人，祖先一定要親自好好祭拜，偷懶的方式等於沒有拜！

＊除夕

除夕一定要祭祖，請他們回來吃團圓飯。除夕當天的祭祖，過了中午十二點就可以開始，最遲則不要拖過晚上七點。最好在天黑之前祭拜完畢，因爲七點以後，大家都要吃年夜飯了；如果早點進行祭祖，拜完後全家人剛好坐下來吃年夜飯。

除夕當天祭拜祖先的時間可以久一點，這是慣例；等到遠方遊子一一歸來，所有子孫都上過香後再吃年夜飯，這是最圓滿的做法。也只有除夕這一天的祭祖，可以在祭拜過程中逐次上菜，帶有「長長久久」的吉祥意義。

＊過年

過了除夕，農曆新年也須祭拜祖先。以前的農曆年從初一開始爲期半個月，直到元宵過後才告結束；現在則簡化到只有三天：初一、初二與初三。

過年祭祖要「壓桌頭」，稱爲「甜甜甘甘」；也就是祭祀時要擺上兩個小型甜年糕，年糕上再放兩顆橘子，最後再插一枝「春仔花」——春仔花是一種以紙紮成的裝飾品，傳統市場裡可以買到，年節祭品使用春仔花，象徵「喜氣洋洋」。通常這些祭品擺到大年初三之後，就可取下。

除了要供上甜年糕、橘子與春仔花，還要加上鹹年糕（常見的有蘿蔔糕、油蔥糕、芋頭糕等）與發糕。鹹年糕因容易腐壞，通常從除夕晚上擺到初一早晨，就要從供桌撤下。

＊清明節

清明祭祖要在中午十二點以前進行，最好在中午以前拜，然後出門去掃墓；不然就是一大早出門掃墓，回家後再趕快進行祭拜儀式。

＊中元節

中元節除了要普渡孤魂野鬼，也要拜自家祖先（公媽）與地祇主（關於祭拜地祇主，參考《吳教授開運陽宅》411頁）。

＊重陽節

祭祀內容與時間，和中元節、清明節一樣。

▼祭拜用的紙錢▲

「金紙」又稱爲「紙錢」。燒金紙的習俗來自春秋戰國的「燎祭」，確切的起源年代並不可考，據說是古人在祭拜鬼神後，就會焚燒當時通用的「幣帛」，以表示將錢送給鬼神。

風水小常識

每逢節慶，供品可用應景佳餚

每逢重大節慶，祭祖可用應景佳餚，無須另買祭品：

- **端午節拜粽子**

端午節拜拜，供品就用粽子，拜素食的神明則用鹼粽。祭拜用神明儘量不要用葷的供品，除非你家祭祀的是土地公或王爺公，就要用葷肉粽；如果祭祀的是媽祖或關公之類的天人界神明，建議你還是呈上葷食供品為宜。至於祭拜祖先（公媽）時，用家裡吃的鹹粽即可。

- **中秋節拜月餅**

中秋節拜拜，供品則可用月餅與水果，水果多半用柚子。

- **冬至拜湯圓**

祭拜神明要拿三個小碗，盛裝湯圓後供在神桌上。若是祭祀祖先，則要在供桌上擺一鍋湯圓，並排放六雙筷子與六個空碗──要注意的是：拜拜的餐具都是用筷子，沒有人用湯匙。

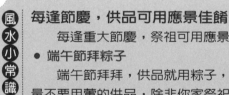

後來發明了紙，再加上東漢五斗米教「三官懺」的流行，使得這項風俗更行興盛。南北朝、唐宋以後，紙錢更演變成各式各樣的形式；剪成衣服或動物形狀的「更衣」、「甲馬」等金紙也出現了。到了現在，我們則只使用裁切得方方正正的天公金或刈金。

販售金紙香燭一向是寺廟的收入來源之一，民眾到寺廟拜拜都燒金紙的話，寺廟也能藉此獲得一點收入；在各種客觀考量之下，拜拜後要燒金紙就變成一種習俗了。然而，從我的觀點來看，燒金紙其實只是在安慰活人的心理、並無實際功能，所以也無須燒太多，點到爲止即可。

不過，金紙的種類極多，必須視供奉對象而選用適合的金紙來燒。所謂「神鬼殊途」，金紙也分成拜神與拜鬼的兩種，使用時不可不知。

※金紙種類甚多，必須視供奉對象善加選用

祭拜神明的金紙

*天公金

金紙和被祭拜的神明一樣，也分有等級。道教諸神中，神格最高的是天公，金紙中最高階的也就是「天公金」。

最大張的天公金，規格爲一尺六見方（48×48公分），稱爲「大天公金」。接下來的尺寸依次爲一尺二與一尺三；一尺六、一尺二和一尺三，這些都是吉祥的尺寸。一般來說，我們平常在金紙店買到的天公金，都是一尺二的規格；除非你到北港朝天宮、萬華龍山寺之類的大廟，那裡用的金紙尺寸就會比較大。

通常，天公金上印製的圖案也分有幾種格式，最常見到的就是「叩答恩光」、「叩答天恩」與「祈求平安」等字樣。也有些印刷較爲複雜的天公金，上面會印些龍鳳圖案，也有印壽字的（百壽圖），這種就稱爲「百壽金」。

*三官金

「三官金」又稱爲「三界公金」，這種紙錢是用來燒給三界公的。所謂的三界公，是源自古代五斗米教（張道陵最早創立的道教）的傳說。三國時代，張道陵的兒子張衡與孫子張魯，在漢中一帶的川鄂邊界（今天的四川、湖北）傳播五斗米教，該教認爲人受到三界的影響——天界、地界、水界，這三界各有一個大帝掌管，名爲「三官大帝」、又稱爲「三界公」。當時，張衡與張魯要每位信徒向三界「首過」，承認自己所犯的過錯。所謂的「首過」，就是認爲我們這一生，經常對不起天、也對不起地與大自然（水界），例如人常因自私而使別人蒙受損失，這就是犯了天條；不愛惜五穀或不努力耕種，就是犯了地條，冒犯地官；濫捕魚蝦，甚至是浪費水、破壞水源，就是對不起水官。首，意即自首表白；過，指的就是自己的罪過。「首過」就是向三界告罪，把自己一生的過錯全都寫在黃紙上，接著用三牲禮祭拜三官，再焚燒掉首過文懺，意味著自己的罪狀獲得赦免。

當時的道教信徒，幾乎每年都要燒個幾次，一有過錯就這麼做，也有一說這就是燒金紙的由來。這種風俗一直流傳，於是演變成今天要燒三界公金。三界公金的尺寸通常也是一尺二見方，上面要印三官大帝的神像。

＊壽金

壽金上印有福祿壽，尺寸爲3×6吋，所以又稱「九刈金」；刈，意指裁切。壽金是用來祭拜一般神明，如媽祖、關公、王爺公或其他神祇；祭拜福德正神、灶神也是如此。

風水小常識

何謂「三界公」？

天、地、水被擬人化之後，就以古代三位賢能帝王為代表，亦即「三界公」，也稱「三官大帝」。

- **天官：堯**：因為堯為人公正、像是天一般的大公無私。
- 地官：舜：因為舜在荊州南部教導百姓耕種。
- 水官：禹：因為禹治水對人類有功。

祭拜鬼魂的金紙

拜鬼所用的紙錢又分成金紙與銀紙，兩者只是面額大小不同，就如同台幣一千元與五百元的差別。其實，無論是金紙或銀紙，紙錢上貼的都是錫箔；錫箔刷上金色的就是金紙，保持原本銀色的則是銀紙。

*土地公金

這裡說的土地公，和福德正神並不相同。福德正神是天界的神明，但我們在鄉下路邊看到的土地公廟，其實聚集了鄉野間的孤魂野鬼，通常是由一位鬼王領著群鬼，駐紮在這間小廟裡。若要祭拜這樣的土地公，就應該使用土地公金。

土地公金也是爲3×6吋的刈金，貼刷上金色的錫箔。

*二五刈金

我們祭拜祖先所燒的紙錢，應使用「二五刈金」或是3×3吋的刈金❶。

風水小常識

燒金紙源自道教傳統

燒金紙是道教的傳統，並非源自佛教。真正的佛教是不燒金紙的，後來佛教傳入中國，受到民間信仰影響，才演變出要燒金紙的儀式。佛教用的金紙稱為「蓮花金」，是用來折紙蓮花的，上頭會印些像是大悲咒、波羅蜜咒、大日如來咒之類的經文。

小註解

❶關於紙錢的詳細資訊，可參考《金銀紙藝術》（張益仁著，苗栗縣政府出版編印，民國85年6月出版），書中有詳盡介紹

【第十二章】

制煞與吉祥物

各種沖煞是談論風水格局時相當注重的環節，
舉凡週遭的馬路、建物、水塘、樹木、山勢等，
都可能對房屋造成各種沖煞，必須即時制解或移除，
否則將會招致災難、妨礙健康，並影響前途發展和全家平安。

自古流傳的各種吉祥物，如龍王劍、山海鎮、狎貅等，
常被視爲制煞鎮宅的利器，但坊間卻不時出現誇大說法，
使大眾誤信其招財改運的神奇功效。
其實使用吉祥物，是要藉其造型來改變心境，
並不會直接帶來錢財與好運。
人的福氣是受運影響，運則是受個性影響，
藉由吉祥物來提醒自己，
而修正個性、處事圓融，福氣也就跟著來到。

本章將解析常見沖煞的格局意義與制解之道，
以及各種吉祥物、法器的代表意涵與使用方法，
以消災解困、迎喜納福。

諸煞制解法

▼路沖▲

格局意義

陽宅最常看到的煞就是「路沖」，也就是屋前有一條馬路直直地朝向大門口。路沖會讓人發瘋、經常蒙受血光之災。

制解方法

＊做天心池

如果屋前有個很大的明堂，就在明堂的正中央朝著路沖做個天心池。這樣不但可破煞，對工廠來說尤其是最佳的風水。

＊做太陽星

至於住在公寓或大廈的人家，因爲社區住戶的意見較難整合，通常不是自己想做

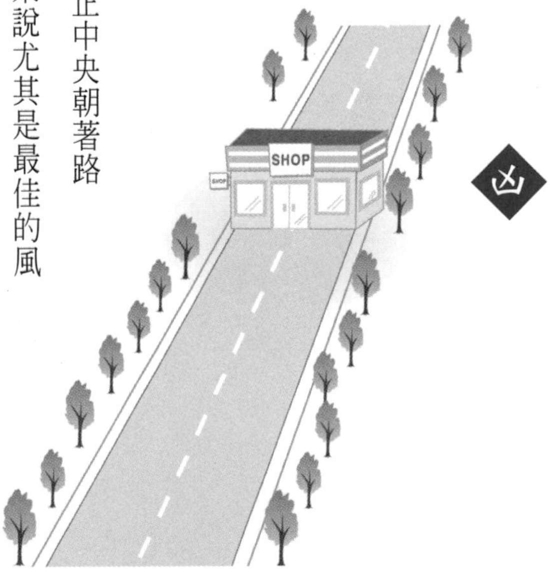

＊路沖：屋前有大馬路直衝而來。

天心池就能做，那麼不妨在自家面對路沖之處做個太陽星。什麼是太陽星？也就是在陽台做個凸出的弧形外牆，這樣可破解掉一半的沖煞之氣，讓你的家人過得平安一點，較不會發生車禍或吃上官司。

＊放龍王劍或照妖鏡

如果你無法改變建築外觀，像是礙於管理委員會規定之類的，那就放把龍王劍來鎮煞吧！所謂的龍王劍，就是在一面八卦鏡雕上一條龍，無論在室內或戶外，只要將這把龍王劍正對著路沖之處懸掛，就能沖銷掉路沖的煞氣。

如果不懸掛龍王劍，放一面照妖鏡也有類似作用。所謂的照妖鏡，也就是凸透鏡或凹透鏡，如果你連凸透鏡或凹透鏡都買不到，用一般的小鏡子也行。但是，掛鏡子帶來的力量會傷到人，只有路沖才可以使用；如果你家的對面也有住家，就千萬不要掛鏡子對著人家，否則會傷害到對方。至於龍王劍雖擁有強大的鎮煞力量，卻不會傷到人；而且講究質料與雕工的龍王劍，掛起來也很好看，可以作爲傳家之寶。

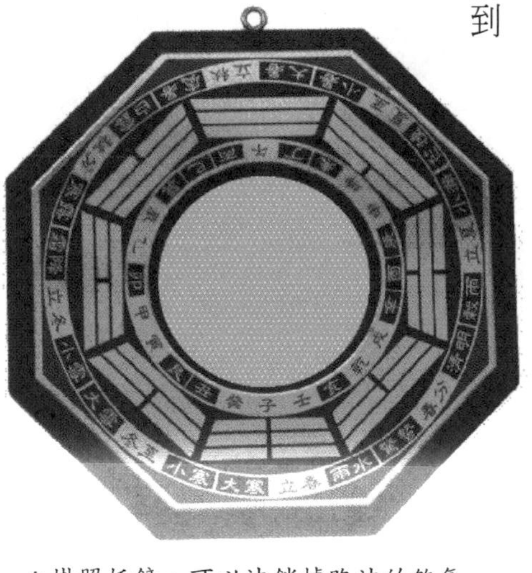

＊掛照妖鏡，可以沖銷掉路沖的煞氣。

壁刀煞

格局意義

「壁刀煞」是指兩排面對面的房子因地基沒對齊，其中有棟房子的屋角正好對到鄰居的正面。被對到屋角的人家容易發生車禍、開刀、官司不斷，而且家庭不和。

制解方法

是否能化解壁刀煞，必須視實際狀況的條件而定：

＊壁刀略微偏左或偏右

如果壁刀有點偏左或偏右，就比較好解決，只要沿著壁刀牆面的走向，順應地在自家客廳裡加根裝飾柱子、並砌一道牆，就能加以破解。

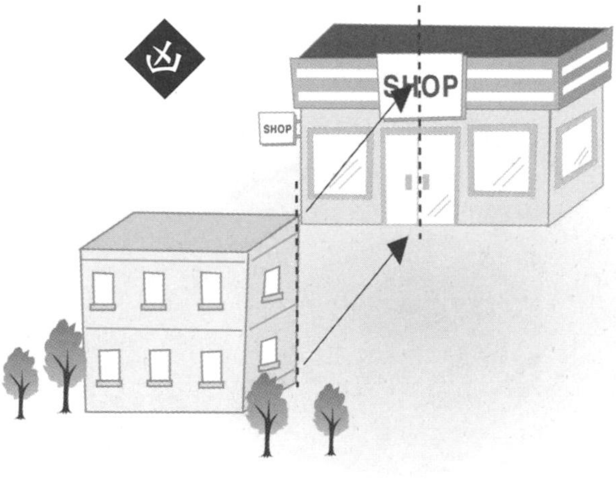

＊壁刀煞：對面的屋角直對自家正面。

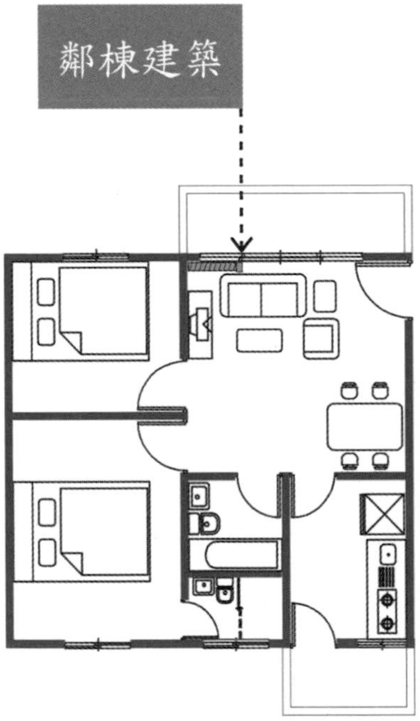

＊客廳對壁刀略偏的情形。

＊壁刀直對屋子中央

●永久制解法：趕快搬家

如果壁刀正好對到你家客廳正中央，這樣就無解了，我只能勸你趕快搬家。因爲這種狀況若照我剛才所說的方法去制解，客廳中央就會出現一根柱子與一道牆，導致採光面變得很小；爲了化解外來的煞氣卻破壞屋內的風水，這豈非不智？所以，還是趕快搬走爲上策！

●變通制解法1：調整房子的座向

如果不能搬家，調整房子的座向也是變通的好方法；亦即將客廳改個方向，別和鄰居建築造成的壁刀有所衝撞，就能降低煞氣帶來的危險。

●變通制解法2：利用鎮煞物暫時制煞

上述的變通方式因爲涉及到整棟建築，只有透天厝才能這樣做，一般公寓或大樓因爲大門位置已經固定了，通常不太能這樣改。如果你暫時無法搬家，而必須勉強住在這棟房子裡，不妨利

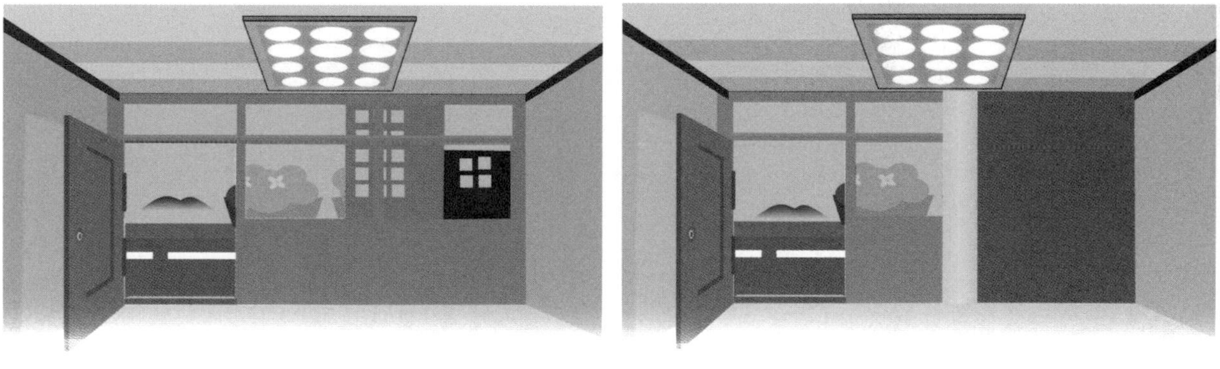

＊左圖爲壁刀正對客廳中央的情形；若如右圖採用加裝柱牆的制解法，客廳中央會出現柱子與一道牆。

用龍王劍、獅王劍、山海鎮或八卦鏡（鏡子本身一定要是凹透鏡或凸透鏡）等鎮煞物，暫時還可以擋個兩、三年。不過我必須提醒你，這些只是治標的方法，效果僅為暫時性，最好還是趕快改變環境。

▼倒退龍▲

格局意義

所謂的「倒退龍」，也就是位於逆向坡、地基前高後低的房子。住在這種房子裡，會年年敗退又絕子絕孫。

制解方法

＊在屋後豎起大石暫時擋煞，最好還是趕快搬家

能暫時擋煞的方法，就是在屋子右後方豎立起一顆直立的大石，用石頭幫你擋煞，意味著讓衰氣到此為止。這顆石頭的高度至少要及腰，並要寫上「步步高升」四個字。可能的話，還可以在石頭表面彩繪一座山或一層層山巒，再寫「步步高升」。

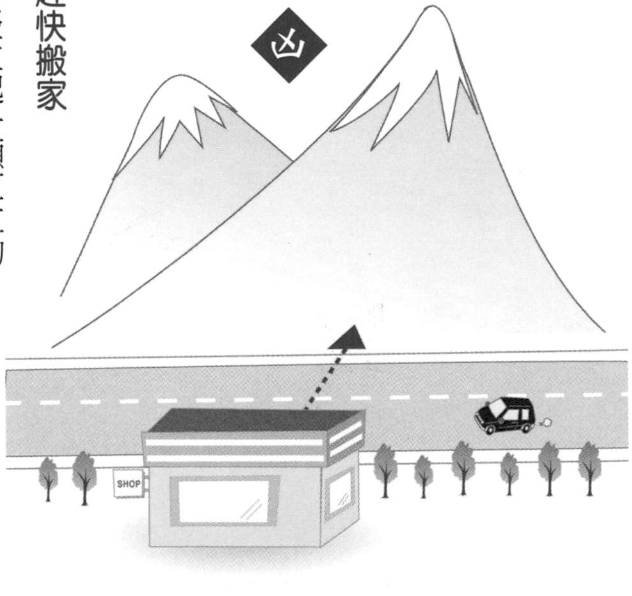

＊倒退龍：位於逆向坡，地基前高後低。

因為大自然的氣源源不斷，這種制煞法只能暫時止住倒退龍的煞氣、並無法持久，不過是幫你保住全家平安的權宜之計，最好還是趕快搬家。

▼照盆煞▲

格局意義

附近或自家門前有臭掉的死水、或是屋前有泳池，都會讓你家的房子變得潮濕。不過，游泳池只會讓你家裡溼氣變重，造成家人身體欠佳、精神緊張、視力衰退或眼睛不好；但如果是池水臭掉變死水，這灘死水可是會嚴重到讓你家發生滅門血禍，這就是「照盆煞」。

制解方法

＊在陽台或落地窗前種一排盆栽

如果，你無法除掉這灘死水，有個方法可以自保：在自家陽台或落地窗擺上一排盆栽，而且最好是會開花且花朵芬芳的植物，像是百合、玫瑰之類。切記，一定要是

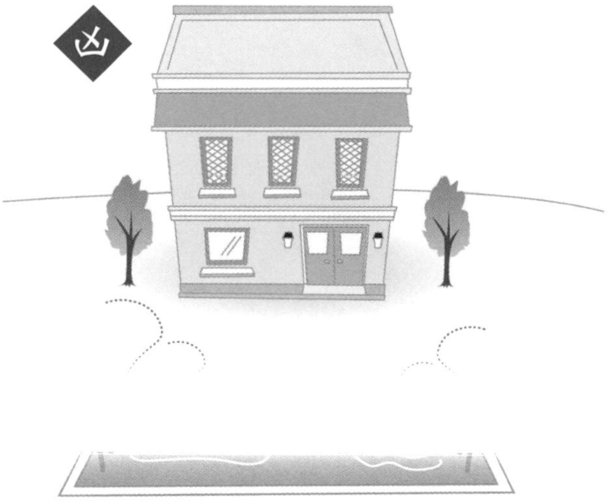

＊照盆煞：自家門前有臭掉的死水。

活的植物、而且要好好照顧。

我認爲最佳的植物，就是金桔樹。金桔樹一來價格便宜、二來好照顧，而且四季常綠、又帶有特殊香氣。擺一顆金桔樹在靠窗處，不但對身體有益，又能幫助驅趕蚊蟲，最重要的是還能幫助擋煞；金桔樹最後結出的小果實，也可以拿來做柑桔檸檬綠茶，具有治療咳嗽的效用，可說是好處多多。

▼懸針煞▲

格局意義

「懸針煞」是指屋前有一根或很多根電線桿、柱子或大樹，像針一樣地筆直。這種格局會造成血光之災、導致官司不斷，家人容易出車禍，而且多是嚴重事故。

＊懸針煞：門前有筆直的電線桿、柱子或大樹。

暫時制解法

＊在電線桿上掛「對我生財」的木板

如果造成懸針煞的樹木或柱子是自家的，要拆除當然不成問題，但要是別人家的、甚至是政府的，就得好好考慮了。如果真無法除掉造成懸針煞的原因，還有個變通的方法：就是在這根電線桿、柱子或樹木上，選一小塊地方漆成黃色；或是在上頭掛一塊漆成黃底、寫著「對我生財」的木板，也是可行之道。

*掛鏡子或龍王劍擋回煞氣

掛面鏡子擋回煞氣，通常也能破解懸針煞，當然也可以掛龍王劍來破解。

永久制解法

*移除造成懸針煞的物體

要暫時制解懸針煞，若是家裡經濟允許就掛龍王劍，沒錢的話就在樹上掛「對我生財」的黃色木板，古代就是這樣做。然而無論是掛木板還是掛鏡子，都只是權宜對策，最好的辦法還是徹底除掉造成懸針煞的物體。

▼空亡煞、死巷▲

格局意義

「空亡煞」也是路沖的一種——從客廳看出去，屋前若有一條很窄的巷道直衝你家明堂（客廳），畫面中還可以看到巷子兩旁建築的屋角。空亡煞會導致家破人亡，例如夫妻分手、子女離家、錢財留不住等。

制解方法

＊直接搬家或掛法器來化解

面對空亡煞或死巷，如果不趕快搬家，也只有懸掛龍王劍、山海鎮或八卦鏡這三樣法器才能化解，其他的制解法都無效。

▼太歲煞▲

格局意義

如果你家屋子的正前方或正後方看得到神壇、寺廟和教堂之類，稱爲「太歲煞」。這些建築若是和你家隔著六十米道路左右的距離倒也還好，要

＊空亡煞：屋前有窄巷直衝客廳。

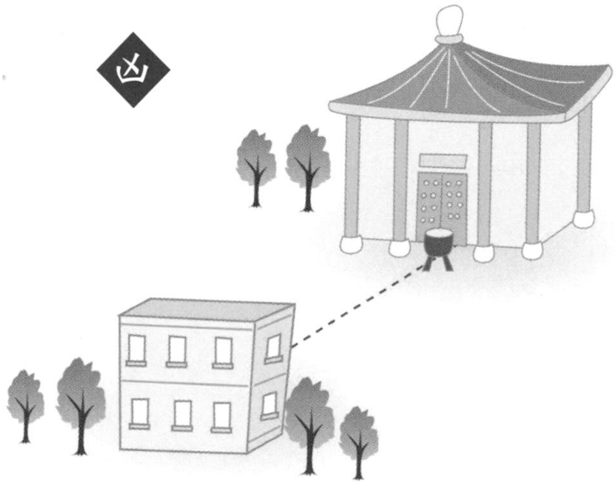

＊太歲煞：屋前或屋後看得到神壇、寺廟或教堂。

是靠得更近，就必須設法制解。住在這種房子裡，官司特別多、小孩也特別兇劣。

制解方法

＊掛龍王劍或洞簫來制解

「太歲煞」只能用龍王劍來制解。還有另一個方法，就是在客廳牆面掛一把洞簫。簫的諧音為「消」，意謂著能消除各種妖魔鬼怪與邪惡；簫的上面最好寫著「消災解厄」四個字、或是在簫上配掛一張紙牌，紙牌上也要寫著「消災解厄」。

▼靈樞煞▲

格局意義

「靈樞煞」就是指住家附近設有行動電話的基地台、或是高壓電塔。這種由電磁波與高週波所造成的煞氣，會影響人體健康，導致血液與神經系統出現頻率不整的現象，進而罹患血液循環或神經系統的疾病，如精神耗弱、失眠、

＊靈樞煞：住家附近有行動電話基地台或高壓電塔。

高血壓和心臟病等，還會造成血液缺氧等狀況，這些都會引發癌症或是因心臟麻痺而導致的猝死症。

制解方法

＊最好搬家，不然就用水晶來干擾輻射

「靈樞煞」是由物理現象所造成的煞，就要用物理方法來制解。通常，一般人都會說靈樞煞無法可解，但現在我就要告訴你如何制解，而且其實很簡單。

現今市面上不是流行各式各樣的水晶嗎？說是可以幫人招財、升官、招文昌、幫助小孩讀書、增加愛情魔力等。其實，水晶對這些事情並沒有什麼幫助，但它消解高週波的功能倒是十分顯著。

水晶可以干擾輻射，是因爲其中含有特殊的金屬——二氧化矽，這種六角形結晶所散發出來的磁波，就能干擾掉高週波與電磁波。像是我家以前剛買電腦時，沒多久就發現小孩子視力因此衰退、而

風水小常識

破煞能力最強的三種水晶

各種天然水晶裡，因為年份與外形不同，效用也有強弱之分。以下是我認為破煞能力最強的三種水晶：

- **鱷魚水晶，又稱為骨幹水晶，呈暗黑色；生成年代最久遠，破除輻射波、電磁波的效力也最強。**
- **大型的紫水晶洞與大顆的紫水晶球。**
- **一般大的水晶柱或水晶簇。**

總之，水晶越古老、體積越大，能量就越大、破煞能力也越強。此外，與水晶同類的瑪瑙、石英都有相同能力，甚至連鑽石也有類似能量。因此，平時在身上配戴這些寶石或半寶石，也能促進身體健康、進而獲得平安；至於像是招財、文昌、增加愛情魔力之類的效用，就別貪求了。

且有點神經緊張，這就是受到電腦磁波的影響。結果我在電腦螢幕上方擺了顆水晶，就解決了這樣的問題。

如果你家附近有很多行動電話基地台或高壓電塔，最好還是立刻搬家；但如果你無法即時遷移，就在屋內或房間的四個角落多擺些水晶。什麼種類、顏色的水晶都可以，唯一的要求就是必須爲天然水晶。人工合成的水晶雖漂亮、也含有二氧化矽，但磁場並不強，因此用處不大；而天然水晶的形成需要費時幾十萬年、甚至幾億年，由於長年吸收天地靈氣，而能擁有強大的磁場力量。

▼暗堂煞、橫阻煞▲

格局意義

「暗堂煞」是指屋前種樹，枝葉茂密到擋住明堂，導致屋內陰暗、看不到戶外景色，或是搭蓋棚子而遮住室內採光；陰暗的明堂會使人視力不好、眼盲，而且前途黯淡。「橫阻煞」是指屋前有較高建築，如大樓、堤防或高架橋，此格局會阻礙前途。

制解方法

***在陰暗室內多裝鏡子、牆壁多塗亮彩**

「暗堂煞」和「橫阻煞」的形成原因，都是因爲明堂被擋住，前方看不出去，進而影響到人的前途。唯一能解決的辦法，就是在陰暗的室內多裝上鏡子，或是將牆壁塗上明亮色彩來提高亮度；如果戶外的明堂也很陰暗，就多裝鏡子或用燈光來加強，住在這裡的人才有光明的未來。

此外，暗堂煞與橫阻煞的房子因爲前方被擋住，造成室內幽暗，而室內一幽暗，就會變得潮濕。因此，加裝能反射光線的鏡子，不但能補光、也可以將光線反射在屋內、進而提高室溫，讓屋子變得比較乾燥。

＊暗堂煞：樹木或遮棚擋住明堂，阻礙視線與採光。

＊橫阻煞：屋前有大樓、堤防或高架橋等高大建築。

▼暗口煞▲

格局意義

「暗口煞」是指客廳大門口正對別人家的車庫或鄰近大樓的車道；這會影響家中小孩，使之體弱多病。

制解方法

＊對著車道或車庫門裝鏡子

「暗口煞」最好的制解方法，就是對著車道或車庫的出口裝一面鏡子。鏡子能警告車子不要一下子衝撞出來，並把煞氣擋回去，而且能讓車子出來之前，先看清楚馬路左右兩方的來車。

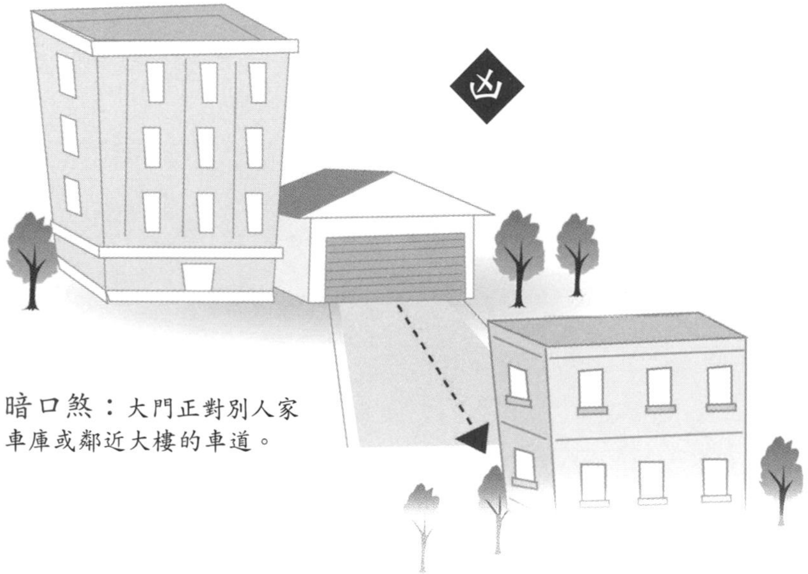

＊暗口煞：大門正對別人家車庫或鄰近大樓的車道。

▼龍王劍▲

龍王劍的造型

龍王劍以先天八卦爲體，雕一條龍。龍口銜劍，表示把煞氣接住並反射回去，而龍的四隻腳各抓住四樣物品：

***玉印**：這是玉皇大帝的印章，代表至高無上的權威，寓意「貴」。

***圓球**：圓球象徵財富，寓意「富」。

***一支筆或一本書**：象徵文昌，寓意「德」。

***劍**：龍爪抓住劍柄，龍口銜著劍身，象徵「威嚴」。

光是這面龍王劍，就具備了「富、貴、威、德」的意涵。

龍王劍的由來

龍王劍是以前魯班用來制煞的一種法器，通常只有縣衙、官邸、皇宮王府才有資格用它來鎮宅。後來民間的富有人家也開始仿效，官方無法禁止，因而流傳到現在。

通常，官方與富貴人家用龍王劍；一般的小康之家則用獅王劍。龍王劍因有龍的身體與法器，所以「形」、「氣」、「神」皆備；至於一般平民所用的獅王劍，只雕了一個獅子頭，獅子並沒有身體與法器，所以只具有「神」與「氣」。獅王劍若要有「神」，就必須開光；同樣地，龍王劍也要開光。

龍王劍與獅王劍之別

龍王劍不但能制煞，並可祈福；獅王劍則純粹只有制煞能力。因爲獅王劍較霸氣，劍與獅子的造型帶有殺傷力，而無納福的能力，所以平常在家裡別亂擺

※龍王劍具有「富貴威德」的意涵

※獅王劍只能制煞，而無祈福能力

獅王劍，如果擺的方向與位置不對，不但會傷到別人、還可能沖煞到自己。

▼八卦鏡▲

先天八卦具有「生生不息」的能量

八卦鏡是民間最常見到的驅邪物。爲何一面小小的鏡子，畫上八卦的圖案之後就能避邪呢？這是取其鏡子反射所造成的「生生不息」。易經說：「太極生兩儀，兩儀生四象，四象生八卦……」卦卦生生不息，因此八卦就能逢凶化吉。

八卦分成兩種——先天八卦與後天八卦，只有先天八卦才能生生不息。所以，用於八卦鏡或任何一種符籙的，一定是先天八卦，因爲要取其「生生不息」的作用。

＊八卦鏡是民間最常見的驅邪物。

風水小常識

開光的方法

開光的方法很簡單，你只要到正神的大廟，站在庭院的大香爐前，把要開光的神像、雕像等，左三圈、右三圈地圍著香爐繞，以燻染爐內的香火。繞完後，再拿毛筆沾取朱砂，點神像的兩眼與兩耳，一邊點、一邊唸咒：「一點天地清，二點日月明，三點人長生。」最後要「頓筆」時，則唸：「鬼藏形，奉太上老君急急如律令。」這樣就大功告成了。

至於唸咒末尾，為何通常都要唸「奉太上老君急急如律令」呢？其實唸別的神明也可以，只不過太上老君是專門抓鬼的神，這樣唸，那些鬼才不敢做怪。

▼山海鎮▲

山海鎮能顛倒陰陽，制鬼化煞

所謂的山海鎮，可以用三種材質製成：木雕；畫圖於鏡面；畫圖在紙上以焚燒。

雖然材質各有不同，但其中的圖案都會按照以下格式繪製：

＊正中央畫八卦太極圖。

＊南北各安日與月。

＊中間畫三山五嶽。

＊四周是五湖四海。

山海鎮因爲能顛倒陰陽，故可制鬼化煞，這是因爲鬼一遇到陰陽顛倒，就會迷失方向，因而無法作祟。所以山海鎮對於陰煞之處，像是墳墓、屠宰場、醫院太平間等，可說是妙用無窮。

＊山海鎮顛倒陰陽，故能制鬼化煞

▼葫蘆▲

門口吊葫蘆，可以納福進門

在陽宅裡吊只葫蘆，寓意爲「招福」。掛葫蘆時，首先務必要使用天然曬乾的葫蘆；那些用人工做成葫蘆狀的塑膠等材質裝飾物，因爲沒有氣，所以掛了也沒用。

在大門口左右各吊一只葫蘆，稱爲「進門納福」，因爲一進門就看到「福」（葫），而把福帶了進來，所以也叫做「福進我門」。或者，你也可以在門楣上掛「五蝠圖」（五隻蝙蝠）、或是在自家廳堂掛「五虎圖」（五隻虎的姿態各異），則稱爲「五福臨門」。這也和掛葫蘆的招福作用相同。

▼簫▲

門上掛簫，能夠消災解厄

掛簫，有「消災解厄」之意，詳細說明請參考本章283頁。

如不寫「消災解厄」這四字，也同樣有效。

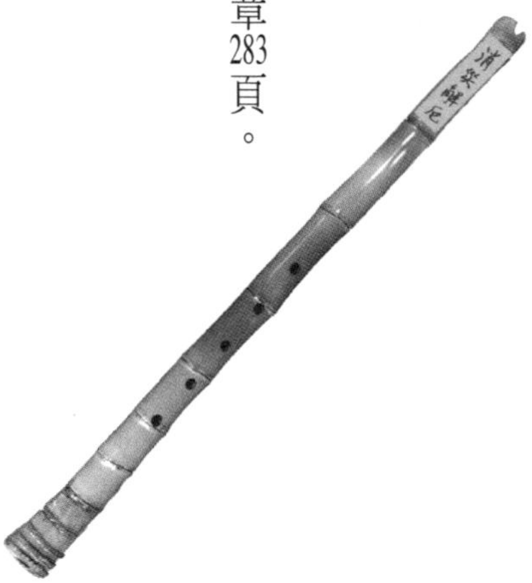

＊洞簫意謂「消災解厄」。

▼七星劍、銅錢劍▲

廳堂掛七星劍可制煞

將六星劍、七星劍或銅錢劍（用銅錢紮成劍的形狀）吊在廳堂的牆壁上，也具有制煞的作用。

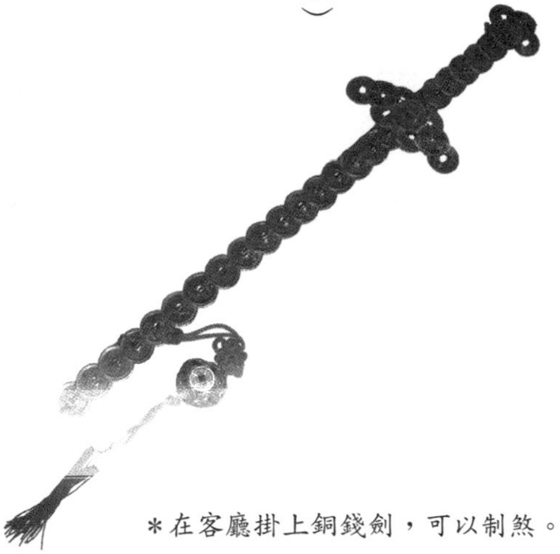

＊在客廳掛上銅錢劍，可以制煞。

▼貔貅▲

貔貅只能作為裝飾，沒有招財效果

現在市面上很流行貔貅，其實這是古代皇宮的鎮宅獸。貔貅是一種貪得無饜的動物，因為牠沒有屁股，所以吃進去的東西不會拉出來，也就是所謂的「有進無出」。

若從招財的角度來看，這也暗示你的財源有進無出，所以家裡擺貔貅的人，也會變得貪婪。

我認為，如果你喜歡貔貅的造型，只要把它當成裝飾用的吉祥物即可，可別把發財夢寄託在它身上！如果你真的相信這套說詞，既然貔貅「有進無出」，那人若是也

＊貔貅招財之說，只是一種迷信。

跟著「有進無出」，豈不是要便秘、得直腸癌了？所以，招財之說都是一種迷信，千萬別信以爲眞！

▼瓦將軍▲

屋角對到房間或廚房，可擺瓦將軍制煞

瓦將軍是商朝的大將趙公明，其造型是騎著一隻老虎，又稱爲「飛虎將軍」。趙公明同時也是一種財神。

以前，只要有別家屋簷對到我家，我就會在屋簷的四個角落各擺上一尊瓦將軍，以化解沖煞之氣。這是以前農業社會大家都蓋平房時，才會如此做，現在若想看到瓦將軍的身影，可能要到廟宇才能看到了——寺廟的琉璃瓦屋簷上方，不是會有許多華麗的裝飾物嗎？最靠近下方屋簷處的就是瓦將軍。

由於現在一般人可能買不到瓦將軍，所以也可用風獅爺代替。要注意的是，若是從房間或廚房遇到斜射過來的屋角，可以在屋頂或陽台上擺尊

＊如果買不到瓦將軍，也可用這種較常見的風獅爺代替。

瓦將軍或風獅爺來破解；至於屋子正面的廳堂，則一定要用龍王劍。

▼風鈴▲

原為預警工具，現被引申為辟邪物

風鈴在國外很普遍，在台灣則較少見到。風鈴主要是在提醒主人有客來訪或有人入侵。像是日本廟宇在屋簷的四個角落多掛有風鈴，據傳就是源自於幕府將軍爲防止敵人入侵而設置的。

風鈴是古代的一種通信系統，通常掛在門片後方，每當有客人來訪、進入大門時，風鈴便叮咚作響以通知主人。風鈴也可以掛在屋外的角落，當異物越過牆或穿過界線時，會踩到線而拉動風鈴發出聲音；由於人踩到和風鈴本身被風吹動的聲音並不相同，所以具有提醒作用。

風鈴遇風則動，而傳說鬼來的時候會有一陣陰風，所以風鈴的聲音如果比較幽冷，就可能是被陰風所吹動。鬼魂無聲無息地來了，卻被我們發現，就像是小偷入侵我們家卻誤觸保全系統，而引發警鈴大作，入侵者一定會心虛地立刻跑掉，風鈴之所以會被人當作辟邪物，就是基於這種原理。但是，風鈴最早是用來作爲預警的工具，現在則因爲失去功能而被引申爲辟邪物。

▼風車▲

風車有「扇」，可使災難消「散」

過去有些人家會在自家掛風車，這不僅是為了美觀，最主要是風車上有扇葉，而取其諧音「散」（扇），帶有「災難消散」之意。以前的人家，通常都是這樣裝飾吉祥物的——進門之處掛葫蘆、窗邊則飾以風車，取「福進門入、難從戶散」的吉祥意義。

▼彌勒佛像▲

笑咪咪的表情，代表「和氣生財」

彌勒佛在民間被稱為「布袋和尚」，也常有人把祂當作財神爺來看待。許多人會在家裡或辦公室擺尊彌勒佛，希望能「和氣生財」。為何彌勒佛能幫你生財呢？這是因為你每天看著祂笑咪咪的表情，心情也會變得很好；心情一好，自然就能生財。

收藏彌勒佛的要訣

＊相貌要端正

購買神像來供奉，也要注重面相，最好是向專門雕刻神明的專家購買，否則雕不出神像的神韻，更不能買那種看來邪惡、或是流里流氣的神像。

彌勒佛原本是佛教的神明，現在卻被許多人視為「福財神」，因為祂總是笑咪咪的，取「和氣生財」之意，所以彌勒佛的臉一定要雕得很和氣。有些雕工差的師父，會把福泰的彌勒佛雕成滿臉痴肥的樣子，要不然就是表情幼稚，雕不出慈祥和氣的神韻。像是我家的兩尊福財神，不但是用上好的肖楠木雕製，而且面相非常好，木頭年份很久，所以做事很穩重。

＊笑咪咪的福財神，取「和氣生財」之意。

＊姿勢很重要

有一次我去通霄，一位專做財神雕刻的木雕師傅告訴我：「買財神要買那種騎著賺的，要不然也要買坐著賺的，最忌諱買那種兩手舉起來的，這樣手舉得很酸，賺錢辛苦！」彌勒佛的姿勢不同，你賺錢的勞逸程度也會有天壤之別。

● **雙手托舉元寶的彌勒佛**：約在三十年前，台灣很流行雙手托舉元寶的彌勒佛，這種造型不僅是雙手托元寶會酸，也會站得很辛苦，因而被戲稱「我投降了」。所以這種姿勢的彌勒佛現在已經不流行了，只有不知情的日本人還在用，他們賺錢就賺得較辛苦。

●**坐姿甚或半躺的彌勒佛**：台灣人比較聰明，多半是供奉坐姿甚或半躺的彌勒佛，這代表躺著賺或坐著賺；站姿的彌勒佛則代表「出去賺」。像我家有好幾尊彌勒佛，有兩尊是站的、幾尊是坐著的，那兩尊站著（「站著出去賺」）的彌勒佛是我的，所以我很累，不是去學校教書、就是要到處演講、幫人看風水，天天往外跑；至於坐姿彌勒佛則是我太太的，所以她只要每天在家裡等著收錢、數鈔票就好了。

▼祈福版▲

木板上寫「善」字，為自己招來福氣

所謂的祈福版，就是古代的桃符。祈福版的作用好比過年要貼的春聯，尤其現在有很多中古屋，如果你搬到這樣的房子住，最好在自家大門口或陽台落地窗上面釘一塊木板，寫上「天官賜福」或「善」字。寫「善」字的木板能帶來福氣，是因爲「善解百惡」，一個「善」字就能化解許多凶惡。而且掛了這種木板的人家，小孩也比較會讀書、而且知道孝順，這是因爲「百善孝爲先」之故。再者，寫個顚倒的「福」字，則代表「福到」。

舊房子需要貼祈福版，目的在於補氣。因爲這房子被別人住過了，他享用了房子的福氣；所以當你住進去之後，就要爲自己招來福氣。這是古代的做法，我之所以在書中介紹出來，用意是在於傳播古代知識、進行文化傳承；主要是基於勸人爲善的立場、並非鼓勵迷信。其實，這些吉祥物都只是傳統的民間信仰，與正統的風水理論並無相關。

▼吉祥物的眞義▲

國外吉祥物沒有效用

現在台灣很流行擺日本的招財貓當作吉祥物，這樣眞的會有效嗎？

其實，招財貓在日本才有效，來到台灣就沒用了，因爲牠只會招日本財、不會招台灣財。所以，國外的吉祥物拿到台灣來都無用武之地，無論是密宗的吉祥物或日本、韓國的吉祥物，都是一樣；而台灣的吉祥物到了國外，也同樣發揮不了作用。各國的吉祥物都各有其領域，因爲吉祥物是一種念力。

＊吉祥物的功用，主要是藉其造型來改變人的心境。

吉祥物的能量來自念力

所謂的吉祥物，是要利用它的造型來改變你的心境，並不會直接帶給你錢財和好運。吉祥物之所以有用，是因爲你改變了心境；心境變佳，福氣就跟著來。人的福氣是受運的影響，而你的運是受你的個性影響，只要你改了個性，運自然就會跟著改；因爲改了個性之後就會改變人際關係、改變你處理事情的態度，當你處世圓融時，福氣自然也跟著來。如果一個人個性很怪，哪會有什麼好運氣呢！

因此，招財物之所以有用，是因爲你每天看到他，就好像看到自己的座右銘。所以，在家裡放幅字提醒自己，也具有同樣的作用。

這個道理就像很多小孩會去廟裡祭拜文昌帝君，如果這孩子的成績本來就不錯，只是面對不確定的未來而感到害怕，拜了文昌帝君之後，他的心裡就會變得比較踏實，能穩下心情來讀書，更鎭靜地面對考試，最後的成績就會很穩定。要是成績不好的孩子去祭拜文昌帝君，拜完之後也會覺得神明好像在保佑自己，而更有信心去面對讀書這件事。然而，如果是一個光祭拜神明、卻不用功讀書的孩子，就算拜了十個神也沒用。

法器

常見的陽宅風水鎮煞符

制煞的法器，最常見的就是符籙（台語的「符仔」）。平時經常使用的陽宅鎮煞符，則約有以下幾種：

＊張天師的「百解符」。

＊神霄派的「五雷八卦天師符」、「人口平安符」、「平安吉祥符」。

＊閭山派的「制煞平安符」。

＊普庵的「鎮煞符」、「文昌光明符」、「八卦符」、「順利符」、「家庭和樂符」、「祈求健康符」、「動土鎮煞符」。

以上各符籙的功用，望文即可知其意。至於「動土鎮煞符」，則是當自宅附近有人動土時，在自家要貼的符籙。

符籙的力量來源

爲何一張紙畫上一些圖案，就會擁有力量呢？符籙一定要有法力的人來畫才有

＊鎮宅祈福符

＊神霄八卦五雷鎮宅符

＊正乙鎮宅制煞祈禳符

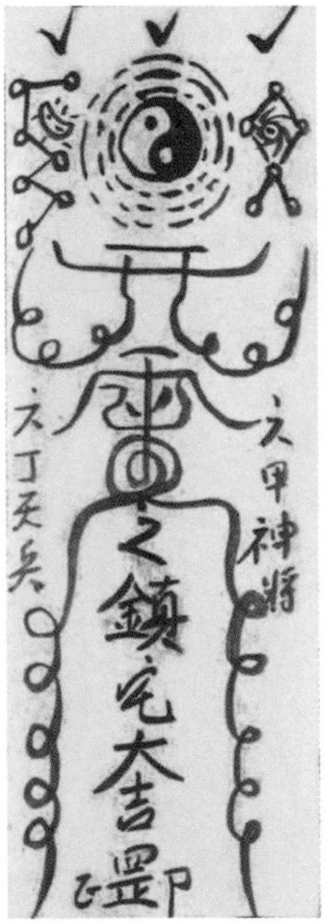

＊神霄鎮宅安神符

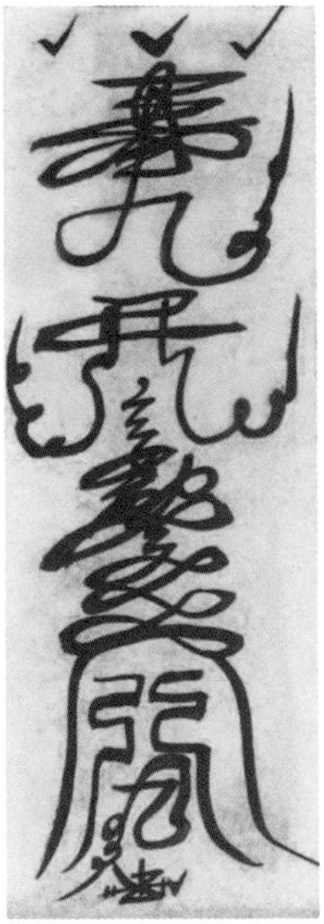

＊茅山安鎮除妖符

＊龍神安鎮符

＊興旺招財符

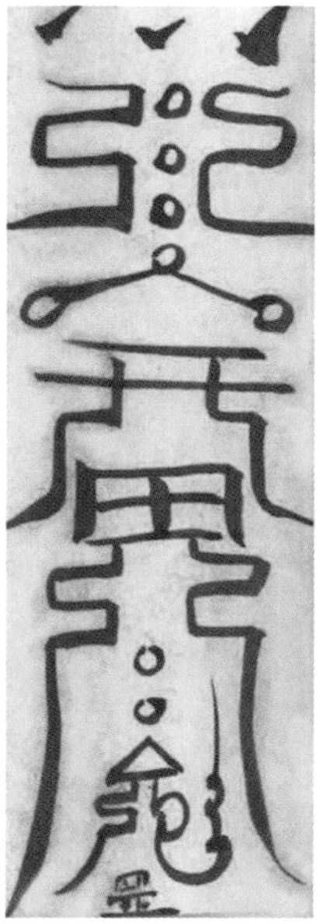

＊靈寶淨宅符

＊靈寶吉祥如意符

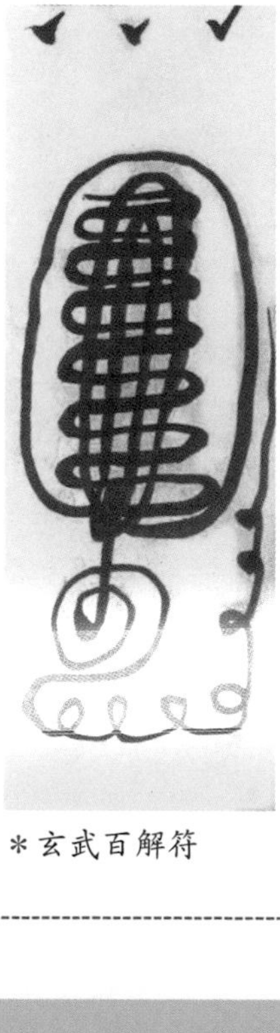

＊玄武百解符

＊避病符

＊普庵淨符

用，一般人畫是無效的；因爲符籙是有法力的人「煉精化氣」、「煉氣化神」、「煉神返虛」所得的能量。

「煉神化氣」，意指把你的精力化成一股氣；「煉氣化神」，則是將氣凝結成意念；「煉神返虛」，「虛」就是「虛無」的「虛」，是指把意念達到精氣神融爲一體，灌注在虛空中很抽象的一點，再透過朱砂筆或毛筆，將修道者的精氣神貫注於符號。修道者若是修練到「虛」的境界，就能與鬼神通，再借用這個宇宙間的磁場能量，將之儲存在這張符籙裡。

所以，用現代人聽得懂的話來解釋，符籙就是宇宙這個大電腦的開機片；咒語就是密碼；上頭那些文字符號則是一種指令。把能量儲存在紙上，當天地間的磁場看到這個秘密的指令，再加上密碼，就會把能量灌輸於此。爲什麼符籙只是一張薄紙，卻擁有強大的能力，道理即在於此。

302～303頁所列出的十二張符籙，要貼在大門上或隨身帶著都行。總之符咒是一種能量的儲存，你帶它到哪

風水小常識

不可輕易畫符，也不要隨便索符

以道家觀點來說，畫符其實很傷元氣，但符籙又一定要由修練過的人來畫才有用；因為修練者能從宇宙中不斷汲補元氣，而且本身也要練丹田氣。如果是一般人自己來畫，就會越畫身體越虛，因為你已經把自己的氣給了別人；這就像針灸師下針時，會把自己的氣傳給病人，外科醫生也會透過他手上的那把手術刀，把自己的氣傳給患者。所以針灸師與外科醫生若自己不練內功，就會衰老得很快，畫符的人也是一樣。所以，不可輕易畫符，也不要隨便向人索取符籙。像我自己就不隨便提筆畫符，畫的符也從不輕易送人。

裡，能量就到哪裡。

神仙畫的符，百無禁忌

有些人到廟裡求的香符，不能跟著進廁所；至於符籙就無此禁忌，因爲這是神仙畫的符。

廟裡的香符之所以有法力，因爲這是由廟裡群鬼所畫，鬼靈所畫之符就不能接近污穢之氣，因爲污穢之氣會讓鬼靈的力量消散掉；雖然是廟裡的鬼，但因爲他們還在修，所以也會有正氣。鬼和人一樣，也有正邪之分，邪鬼是無論你要求什麼，都會有求必應；善鬼則是會幫助人，但不會給你什麼，因爲他自己也沒有。至於神仙畫的符，則是百無禁忌，甚至連女性月事來時配戴也無妨。

風水小常識

鬼的正邪之分

何謂鬼的正邪之分？如果你有貪嗔癡的念頭，向廟裡的這些鬼拜求，而他們也會完成你的貪嗔癡念頭，這些就是鬼；如果你有貪嗔癡的念頭，再怎麼祭拜神仙，他也不理會你。至於廟裡的鬼正不正，就看你的信仰正不正——你信仰不正，他就跟著不正；你信仰正，他就會變正。至於神仙，則不管你信仰正或不正，他都不理你，根本不會應你所求。

〈各種吉凶格局說明索引〉

生活文化 14

吳教授開運職場風水

作　　者──吳彰裕
繪　　圖──詹仕鑑
主　　編──心岱
編　　輯──郭玢玢
內頁圖片提供──吳彰裕、何淑芬
插畫──小房子工作室
美術編輯──高鶴倫
執行企劃──周于殷
校　　對──吳彰裕、郭玢玢
董事長
發行人──孫思照
總經理──趙政岷
出版者──時報文化出版企業股份有限公司
10803 台北市和平西路三段二四〇號三樓
發行專線─(02)2306-6842
讀者服務專線─ 0800-231-705 ・(02)2304-7103
讀者服務傳眞─(02)2304-6858
郵撥─ 19344724 時報文化出版公司
信箱─台北郵政 79-99 信箱
時報悅讀網 http://www.readingtimes.com.tw
電子郵件信箱 ctliving@readingtimes.com.tw
法律顧問──理律法律事務所　陳長文律師、李念祖律師
印　　刷──詠豐印刷有限公司
初版一刷── 2006 年 8 月 21 日
初版五刷── 2014 年 3 月 11 日
定　　價──新台幣 600 元
⊙行政院新聞局局版北市業字第八〇號

ISBN-13 : 978-957-13-4533-8
ISBN-10 : 957-13-4533-4
Printed in Taiwan

國家圖書館出版品預行編目資料

吳教授開運職場風水／吳彰裕著　-- 初版
--臺北市：時報文化，2006【民 95】
面；　公分. -- (生活文化；14)

ISBN 978-957-13-4533-8(精裝)

1.相宅

294.1　　95015970